Schon stürzt sie sich auf das Hünengrab!
Schon bricht es krachend entzwei!
Schon fetzt sie die ersten Dächer herab!
Die Grützwurst! Die Grützwurst ist frei!

Wie Feuersbrunst wütet sie! Brüllt wie der Sturm!
Wie bröckelt die Konditorei!
Wie gnadenlos grabscht sie den Glöckner vom Turm!
Die Grützwurst! Die Grützwurst ist frei!

Da graust es den Pfaffen! Da bebt die Kapell!
Da saugt's ihn aus der Sakristei!
Da wogt es und tobt es auf heiliger Schwell!
Die Grützwurst! Die Grützwurst! Da braust sie vorbei!

Klagend sinkt die Nacht hernieder,
und ein bleicher Mond blickt zagend,
fragend auf geborstne Tannen
und Ruinen, einsam ragend,
denn die Grützwurst zog von dannen.
Doch schon morgen kommt sie wieder.

Heil'ge Jungfrau, steh uns bei!!!

Berthold Bell

Dagmar Seifert und Wolf-Rüdiger Marunde

Aalsuppe und Mehlbüddel

Die besten Rezepte von der Waterkant bis zur Heide

Dagmar Seifert und
Wolf-Rüdiger Marunde

Aalsuppe und Mehlbüddel

Die besten Rezepte von der
Waterkant bis zur Heide

Mary Hahn Verlag

Die Rezepte sind für 4 Personen berechnet

Das herrliche Gedicht auf dem Vor- und Nachsatz
hat mein Sohn Arne genau rechtzeitig entdeckt und mir
am Telefon herzbewegend vorgetragen.
© Rogner & Bernhard GmbH & Co Verlags KG, Hamburg

Besuchen Sie uns im Internet unter
http://www.herbig.net

© 2002 by Mary Hahn
in der F. A. Herbig Verlagsbuchhandlung GmbH, München
Alle Rechte vorbehalten
Lektorat: Tanja J. Frei
Satz: VerlagsService Dr. Helmut Neuberger
& Karl Schaumann GmbH, Heimstetten
Druck und Binden: Offizin Andersen Nexö Leipzig
Printed in Germany
ISBN 3-87287-502-7

VORWORT

Meine gute Freundin Brigitte erzählte mir kürzlich, sie hätte in ihrer unerschöpflichen Garage einige uralte norddeutsche Kochbücher gefunden und wüsste gar nicht, was sie damit anfangen sollte. Sie schaute mich verschmitzt aus ihren schrägen dunklen Augen an und fragte: »Du hast wohl auch keine Verwendung für so was?«

In der folgenden Zeit bekam mein Mann eine ganze Menge unterschiedlicher Mehlbüddel zu kosten. Aus unserem Verwandten- und Bekanntenkreis hagelte es weitere typisch norddeutsche Rezepte. Da ich seit jeher die wunderschönen Landschaftsbilder unserer Gegend von Wolf-Rüdiger Marunde bewundert habe (»Guck mal, der Sonnenuntergang da! Wie von Marunde!«) und von seinem Viehzeug, vor allem den Schweinen, immer ganz entzückt gewesen bin, dachte ich, dies müssten die idealen Illustrationen sein. Ich fragte ihn, ob wir nicht zusammen ein Kochbuch machen wollten. Er dachte eine Weile nach (wie er aussieht, wenn er nachdenkt, entnehmen Sie seinem Foto auf dem Rücktitel) und meinte schließlich, das sei eigentlich eine gute Idee.

Und so ist dieses wundervolle Buch entstanden.

Damit keine Missverständnisse entstehen: Ich bin nicht der Ansicht, dass Sie täglich Mahlzeiten aus diesem Kochbuch spachteln sollten; ich will Ihnen ja nicht an die Gesundheit. Wenn Sie sich interessiert Roben und Krinolinen aus früheren Menschheitsepochen anschauen, tun Sie das schließlich auch nicht, um sich entsprechend einzukleiden, sondern höchstens, weil Sie ein Faschingskostüm danach anfertigen.

Die Rezepte stammen aus Zeiten, in denen man nicht einfach am Heizungsknopf drehen konnte, wenn der Sturm um die Reetdach-

Ja, nicht? Und dann auch noch Norddeutscher – das ist sowieso das Allerschärfste!

kate fauchte und es bibberkalt war. Stattdessen futterte man sich im Winter anständig was auf die Rippen mit deftiger Kost. Fettes Schweinefleisch spielte eine große Rolle, die Tiere wurden bewusst so rund wie möglich gemästet. Gern wurde überall Schmalz hinzugefügt, viel Mehl und immer wieder Zucker. Keiner wäre damals auf die Idee gekommen, Kalorien zu zählen – warum auch? Da die Menschen weder vor dem Computer noch vor dem Fernseher saßen, sondern den lieben langen Tag körperlich vor sich hin schufteten, da es keine Automaten für gesüßte Getränke oder Schokoriegel gab, legten sie sowieso weniger Gewicht zu als unsereiner. Außerdem brauchten sie nicht darüber nachzugrübeln, wie viele Hormonzusätze oder Antibiotika sich vielleicht im Schweinefett befinden.

Ich hab häufig ein wenig entfettet; ich denke, das ist legitim und keiner wird es mir verübeln. Dass ich allerdings ein paar hochtraditionelle Rezepte eigenmächtig abgewandelt habe, könnte schon eher für Unmut sorgen. Geräucherter Aal in Aalsuppe??! Corned Beef aus der Büchse in Labskaus???!! Ja, ist mir denn gar nichts heilig?

Damit der Landfrauenverband mich nicht mit der Heugabel jagt, stellte ich jeweils das altehrwürdige Originalrezept voran. Wenn da nun noch jemand entrüstet meint, seine Omi habe das aber anders gemacht – kann ich's auch nicht ändern ...

Bemerkenswert fand ich die Gemächlichkeit der Zubereitung: Da wurde oft am Vorabend etwas vorbereitet und am nächsten Tag stundenlang gekocht, während die Hausfrau sicher irgendwelchen anderen Beschäftigungen nachging und nur ab und zu mal den Deckel hob und guckte, ob noch alles am Platze war. Das steht im krassen Gegensatz zu unserem heutigen ›flinken Improvisieren‹ und den kurzen Garzeiten.

Ich persönlich liebe die Geschmacksrichtung meiner Heimat, die gern Geräuchertes, Salziges mit Saurem und Süßem mischt. Das hört sich wirklich schlimmer an, als es schmeckt (obwohl ja schon Tony Buddenbrook damit einen Verehrer in die Flucht schlug). Erlauben Sie Ihrer Zunge, sich vertrauensvoll drauf einzulassen.

Guten Appetit!

Wir im Plattdeutschen Krink (›Krink‹ heißt Kreis oder Kränzchen) feiern jedes Jahr im März ein spezielles ›Suur Supp‹-Fest. Es gibt sogar ein Lied in niederdeutscher Sprache über diese Suppe mit mehreren Strophen, in denen glaubhaft versichert wird, in Suur Supp sei was Schönes drin und man möge nur tüchtig hinlangen. Das Lied singen wir vor dem Essen und wir singen noch viele andere Lieder und führen lustige kleine Szenen auf für ein hingerissenes Publikum. Ich war schon mehrfach als bärtiger Mann auf der Bühne zu bewundern, einmal mit einem Sofakissen als Bauch. So feiert das Volk, wenn es feiert. Jedenfalls wir übermütigen Norddeutschen. Und hin und wieder atmen wir dabei auch noch ein bisschen eisigen Feminismus aus, wenn sich's grad trifft.

SUPPEN

Das traditionelle Essen für traditionelle Gelegenheiten:

SAURE SUPPE

250 g Backobst, 1 kg geräucherte Schweinerippe,
1 Schinkenknochen, 1 Bund Suppengrün,
1 Sellerieknolle, 1 Bund Möhren,
3 Eigelb, 2 EL Zucker, 4 EL Essig, Salz

Das Backobst über Nacht einweichen. Das Einweichwasser in einen Topf schütten und mit ca. 3 Liter Wasser auffüllen. Die Schweinerippe und den Schinkenknochen eine Stunde köcheln lassen. Währenddessen das Suppengrün und das Gemüse putzen und zerkleinern. Mit dem Backobst dazu geben und noch mal 30 Minuten kochen.
Eigelb, Zucker und Essig in einer Tasse verquirlen. Den Topf vom Herd nehmen und einige Minuten stehen lassen, dann die Mischung unterrühren. Alles mit Salz abschmecken.
Manche Köche lassen die Eigelbe weg, dadurch behält die Suppe einen klaren Charakter.
In die Saure Suppe gehören unbedingt kleine weiße Mehlklößchen, die ›Mehlklüten‹. (Rezept S. 45)

BIRNEN, BOHNEN UND SPECK

(die korrekte Aussprache lautet: Bian, Boun un S-peck.)

Im Spätsommer, wenn an den Marktständen die frischen grünen Stangenbohnen glänzen, setzen die Verkäufer wohlweislich ihre Kisten mit den kleinen Augustbirnen direkt daneben und stecken Büschel von Bohnenkraut dazwischen.
Da braucht die über den Markt schlendernde Hausfrau nicht lange zu grübeln, was sie nun wieder auf den Tisch bringen soll.

Traditionelles Rezept

500 g durchwachsener Speck, 500 g grüne Bohnen,
einige Stängel Bohnenkraut, 500 g Augustbirnen,
Salz, weißer Pfeffer, 1/2 Bund Petersilie, gehackt

Den Speck mit kaltem Wasser aufsetzen und eine Stunde kochen. Die Bohnen waschen und in Stücke brechen, dazugeben. Das Bohnenkraut waschen und obenauf legen. Alles noch 30 Minuten kochen lassen. In den letzten 20 Minuten die gewaschenen Birnen obendrauf legen und mitgaren. Den Speck herausnehmen, in Scheiben schneiden und wieder in die Suppe geben. Stiele des Bohnenkrauts heraussammeln. Das Gericht mit Salz und Pfeffer abschmecken, dick mit Petersilie bestreuen.

Dazu gibt es Salzkartoffeln.

Mein Rezept

1 mittelgroße Zwiebel, 350 g zarter, magerer Speck,
1 kg grüne Bohnen, 100 g fetter Speck,
1 Bund Bohnenkraut, 6 mittelgroße Kartoffeln,
4 große, saftige gelbe Birnen, Salz und weißer Pfeffer,
½ Bund glatte Petersilie, gehackt, 4 EL Sahne

Die Zwiebel schälen und in kleine Würfel schneiden. Den mageren Speck in mundgerechte Würfel schneiden, die Bohnen putzen und in Stücke brechen.

Den fetten Speck in einem festen Topf oder einer Pfanne solange auslassen, bis der Boden gut mit flüssigem Fett bedeckt ist. Die Zwiebel darin glasig werden lassen. Entweder von der Pfanne in einen Topf umschütten, oder, falls sich alles schon im Topf befindet, nun ca. 2 ½ Liter Wasser aufgießen. Den mageren Speck zusammen mit den Bohnen in den Topf werfen. Das Bohnenkraut waschen, mit einem Zwirnsfaden umbinden und obenauf schwimmen lassen. Alles ca. 20 Minuten kochen lassen.

Inzwischen die Kartoffeln schälen und in Scheiben schneiden, dazugeben und weitere 5 Minuten kochen. Die gewaschenen Birnen vierteln, Stiel, Blüte und Gehäuse entfernen und jedes Viertel noch jeweils drei Mal quer durchschneiden, dazugeben. Noch mal 10 Minuten kochen.

Das Bohnenkraut am Faden heraus ziehen, den fetten Speck mit einer Gabel herausangeln. Das Ganze mit Salz und Pfeffer abschmecken, mit der gehackten Petersilie bestreuen und die Sahne hineinrühren.

Ich weiß: Die kleine, herbe, feste Kochbirne wird gepriesen als geschmackliche Krönung des Bohnenaromas und durchwachsener Speck gehört einfach dazu. Ich habe das Rezept jedoch im Lauf der Zeit immer mehr abgewandelt. Zunächst fand ich die Kochbirnen zu hart und ausdruckslos und auch kompliziert zu essen (obwohl sie klein sind, passen sie kaum auf einmal in den Mund, und dann stört der Stiel! Man muss also zwischendurch den Löffel von sich werfen und zu Messer und Gabel greifen). Dann fiel mir auf, dass der Speck zwar einen guten Geschmack liefert, sich aber auch nicht sehr komfortabel kaut.

AALSUPPE

Aalsuppe dürfte eins der berühmtesten Gerichte ›aus unserer Gegend‹ sein. Ich habe viele alte und uralte Rezepte zum Thema gefunden und bemerkt, dass sie nicht besonders übereinstimmen. Erschwerend kommt hinzu, dass es offenbar eine Hamburger und eine Holsteiner Aalsuppe gibt, die erste basierend auf Schinkenknochen und Fleischbrühe, die zweite verlangt außer dem großen Schinkenknochen noch 500 g gepökeltes Schweinefleisch, 1 kg Rindfleisch, 1 Suppenhuhn und 1 kg Aal, vom Suppengemüse ganz zu schweigen. Offenbar ein Rezept für das ganze Dorf, bei mehreren Hochzeiten etwa.

In einem der antiken Kochbücher fand ich die Historie der Aalsuppe, die Geschichte ihrer vermutlichen Entwicklung. Dort wird erklärt, dass traditionell im Spätherbst das Schwein geschlachtet wurde, damit es den Winter über Fleisch gab. Gegen Ostern war dann nahezu alles aufgegessen. Jetzt nahm die Köchin den alten, nicht mehr sehr gut riechenden, fast kahlen Schinkenknochen, rieb ihn mit Salz und Essig ab und kochte ihn in Essigwasser aus. Alles noch oder schon wieder vorhandene Gemüse und alle aromatischen Kräuter fügte sie hinzu sowie das an Bindfäden getrocknete Obst vom letzten Jahr. Vom Aal war zunächst mal keine Rede, der Eintopf wurde so genannt, weil ›Aal's bin‹ war, also alles drin. (Eine andere Erklärung lautet, weil ›Aalkräuter‹ mitgekocht wurden, alle Kräuter.) Als sich später ortsfremde Gäste beklagten, in der Aalsuppe sei ja gar kein Aal, wurde halt einer beigefügt.

Ich gebe als traditionell eine Mischung der gebräuchlichsten Angaben aus alten Kochbüchern an. Und ich empfehle, natürlich, mein eigenes Rezept, falls jemand es über sich bringt, Räucheraal in die Suppe zu geben. Übrigens kam mir die Idee nicht aus purem Übermut, vielmehr wusste ich es einfach nicht besser, als ich meine erste Aalsuppe herstellen sollte für einen neugierigen Gourmet aus der Schweiz. Ihm schmeckte die Suppe, mir schmeckte sie auch, und ich erfuhr erst hinterher von meinem Frevel: Grüner Aal hätte es sein müssen! (Oder frischer Aal, nach einigen Rezepten.)

Natürlich wollte ich beim nächsten Mal den vorschriftsmäßigen grünen Aal besorgen. Ich stiefelte also ganz treuherzig über den Markt und suchte nach grünen Tieren dieser Gattung. Ein Fischhändler klärte mich darüber auf, dass grüne Aale in säuerliches Kräutergelee eingelegte Jungtiere sind. Ach so.

Vorschriftsmäßig setzte ich den Kräutergelee-Aal in meine Suppe – und war sehr enttäuscht. Genauso ging es mir mit dem frischen Aal. Beides kam mir bedeutend langweiliger vor als meine Räucheraal-Einlage.

Traditionelles Rezept

200 g getrocknete Apfelringe, 200 g getrocknetes Mischobst,
ca. 1 kg Schinkenknochen, 1 Bund Suppengrün,
1 Sellerieknolle, 3 große Möhren, 1 Stange Porree,
1 große Zwiebel, je 1 TL Majoran, Thymian, Basilikum,
Bohnenkraut, Liebstöckel, Estragon und Salbei,
500 g frische Erbsen, einige Pfefferkörner, 2 Lorbeerblätter,
750 g grüner (oder frischer) Aal, enthäutet, 125 ml Weinessig,
125 ml Weißwein, 1 EL Zucker, 1 Bund frische Petersilie

Das Trockenobst über Nacht in kaltem Wasser einweichen. Den Schinkenknochen in Stücke sägen und über Nacht in eine Mischung aus 3 Teilen Wasser und 1 Teil Essig einlegen.
Das Schinkenwasser fortgießen, das Obstwasser in einen großen Topf gießen, den Knochen hineinlegen und ca. 3 bis 4 Liter frisches Wasser aufgießen. Aufkochen und abschäumen, dann zwei Stunden sieden lassen.
Währenddessen das Gemüse putzen und zerkleinern. Den Aal waschen, enthäuten und in Stücke schneiden. Das Gemüse, die Kräuter und Gewürze sowie den Aal hinzufügen – bei Aal grün auch etwas von dem Gelee. Alles noch 30 Minuten kochen lassen. Den Schinkenknochen entfernen. Mit Essig, Wein und Zucker abschmecken, die frische Petersilie hacken und darüber streuen.
In manchen Rezepten steht, dass Mehlklüten und/oder Fleischklößchen darin schwimmen müssen.

Welches Rezept auch immer Sie bevorzugen, Aalsuppe zu kochen ist eine aufwändige Sache, die viel Mühe macht. Allerdings finde ich, es lohnt sich.

Tipp: Ich empfehle, die Lorbeerblätter und die Nelken in einen Teebeutelfilter zu geben und so mitkochen zu lassen. Dann kann der Beutel zum Schluss herausgezogen werden und niemand kaut aus Versehen an dem Gewürz.

Mein Rezept

500 g getrocknetes Mischobst, 1 Gemüsezwiebel,
1 kleiner oder halber Kopf Weißkohl,
1 Bund Möhren, 1 Bund Bleichsellerie,
1 kg durchwachsener Speck, 4 EL Öl, 250 g helle Rosinen,
2 Lorbeerblätter, 8 Nelken, je ein TL getr. Basilikum,
Thymian, Estragon, Majoran und Bohnenkraut,
1 Packung Tiefkühlerbsen (250 g),
ca. 700 g Filet von geräuchertem Aal, 125 ml Weißwein,
125 ml Kräuteressig, 2 EL Vollrohrzucker,
3 EL Sojasauce, einige kräftige Spritzer Worcestersauce,
½ Bund frische Petersilie, 1 Bund frischer Dill

Das Trockenobst mindestens 4 Stunden in Wasser einweichen.
Die Zwiebel grob würfeln, den Kohl in feine Streifen schneiden. Gemüse waschen und klein schneiden.
Den durchwachsenen Speck in mundgerechte Stücke schneiden, in einem großen Schmortopf zusammen mit der grob gewürfelten Zwiebel und dem Kohl in Öl bei mittlerer Hitze leicht anbraten. Mit 3 Liter Wasser aufgießen. Trockenobst und Rosinen sowie das Gemüse und alle Gewürze in den Topf geben, alles ca. 30 Minuten lang kochen lassen.
In die brodelnde Suppe die Tiefkühlerbsen geben und einmal umrühren. Den Aal in Stücke schneiden und hinzufügen. Mit Weißwein, Essig, Zucker und den Würzsaucen abschmecken, Petersilie und Dill hacken und drüberstreuen.

BUTTERMILCHSUPPE

250 g durchwachsener Räucherspeck,
3–4 große, reife Birnen, 100 g Rosinen,
750 ml Buttermilch, 2 EL Mehl, 4 EL Zucker

Den Speck mit kaltem Wasser bedeckt aufsetzen und ca. 1½ Stunden leise sieden lassen, herausholen und in flache Würfel schneiden.
Die Birnen waschen, entkernen, in Stückchen schneiden und mit den Rosinen in die Brühe geben, 15 Minuten lang bei niedriger Temperatur ziehen lassen. Die Buttermilch in einen anderen Topf geben, mit dem Mehl und dem Zucker gut verrühren und dabei langsam erhitzen, nicht kochen! Dann zur Speckbrühe umfüllen und die Speckwürfel hineingeben. Auch in diese Suppe kommen normalerweise die berühmten Mehlklüten (Rezept Seite 45).

Dies Rezept kommt aus Nordfriesland. Vielleicht überrascht es Sie an dieser Stelle noch, dass auch hier Speck wieder zu den tonangebenden Zutaten gehört. Wenn Sie unser Kochbuch bis zu Ende gelesen haben, wird Sie dieser Tatbestand nicht mehr im Mindesten wundern. Sie werden höchstens die Augenbrauen hochziehen, falls mal in irgendeiner norddeutschen Speise kein Speck anzutreffen ist …

FRISCHE SUPPE

Na gut, ich geb's zu. In der Frischen Suppe befinden sich weder Speck noch süßes Obst noch irgendwelche Milchprodukte. Auch wir Norddeutschen haben eben unsere normalen Momente, kulinarisch betrachtet. Und diese Suppe ist im Grunde nichts weiter als eine Gemüse-Rinderbrühe. Deshalb schmeckt sie trotzdem gut!

1 Zwiebel, 1 kg Rindfleisch, z. B. Hochrippe und Ochsenbein, 1–2 Markknochen, 2 Lorbeerblätter, 4 Wacholderbeeren, 1 große Sellerieknolle, 1 Petersilienwurzel, 500 g Möhren, Salz, 200 g kleine Nudeln, 2 Stangen Porree, 1 Bund krause Petersilie

Die Zwiebel pellen und halbieren, die Schnittfläche auf der Herdplatte oder in einer Pfanne ohne Fett leicht anbräunen. Fleisch, Knochen, Zwiebel und Gewürze mit 3 Liter Wasser zum Kochen bringen, abschäumen und 1 1/2 Stunden sieden lassen.
Sellerie, Petersilienwurzel und Möhren schälen und würfeln, dazugeben, ebenso die Nudeln. Salzen und noch ca. 15 Minuten kochen. Den Porree säubern und in feine Scheiben schneiden, einige Minuten mitkochen lassen. Die Petersilie hacken und darüber streuen.

VIERLÄNDER SPARGELSUPPE

500 g Spargel, 1 EL gekörnte Brühe, 30 g Butter,
3 EL Mehl, Salz, weißer Pfeffer, etwas Muskatnuss,
2 cl herber Sherry, 125 g Sahne,
1 Eigelb, 100 g gekochter Schinken, ½ Bund frischer Dill, gehackt

Den Spargel waschen und großzügig schälen, in mundgerechte Stücke schneiden, mit ca. 1½ Liter Wasser und der gekörnten Brühe 30 Minuten kochen. Durch ein Sieb gießen und das Kochwasser auffangen.
Die Butter in einem anderen Topf erhitzen, das Mehl darin anschwitzen, jedoch nicht bräunen. Mit etwas Spargelkochwasser löschen, nach und nach den Rest der Flüssigkeit hineinrühren. Mit Salz, Pfeffer, einer Prise Muskatnuss und dem Sherry abschmecken. Die Sahne und das Eigelb in einer Tasse verquirlen und hinzufügen. Den gekochten Schinken in kleine Würfel schneiden, mit den Spargelstücken in die Suppe geben. Mit Dill bestreuen.

Die Vierlande: Das ist ein Gebiet südöstlich von Hamburg, fettes Marschland und gewissermaßen der Garten der Stadt. (Sowie, darüber hinaus, ein wunderschönes Ausflugsgebiet.) Von hier kommen das Obst, das Gemüse und übrigens auch die Blumen für die großen Wochenmärkte. Wenn an der Spargelkiste ein Schildchen steckt: »Vierlanden«, dann ist das so ähnlich wie ein Prädikat »besonders wertvoll«.

EINTÖPFE

Manchmal sind Gänse eben klein im Geiste.
Und manchmal klein in der Suppe.

GÄNSEKLEIN

Um Gänseklein zu bekommen, müssen Sie weder eine Gans schlachten noch eine kaufen. Sie bekommen vielmehr die Einzelteile, meist zusammen mit den Innereien, normalerweise beim Schlachter oder im Supermarkt. Kochen Sie die Leber nicht mit, sie wird dabei krümelig und sollte anders verwendet werden. Magen und Herz hingegen können wunderbar mit ins Gänseklein.

1 kg Gänseklein, 250 ml Essig,
500 ml Weißwein, Salz, 1 Bund Suppengrün,
3 Zwiebeln, 30 g Gänseschmalz, 3 EL Mehl,
2 EL Meerrettich, 1 EL mittelscharfer Senf,
125 g Sahne, Pfeffer und Zucker

Das Gänseklein waschen, trocken tupfen, in einen Topf legen, den Essig und die Hälfte des Weins sowie 1 1/2 Liter Wasser zugießen, salzen. Ca. 30 Minuten kochen.

Das Suppengrün und die Zwiebeln säubern und zerkleinern, hinzugeben und noch mal 20 Minuten kochen. Die Gänsebrühe durch ein Sieb gießen und auffangen, die Fleischstücke heraussammeln, von den Knochen lösen und mundgerecht zerkleinern. Aus Schmalz und Mehl in einem anderen Topf eine Mehlschwitze bereiten und Gänsebrühe zugießen, bis eine dickliche Sauce entsteht. Meerrettich, Senf und Sahne miteinander verquirlen und in die Sauce rühren, den Rest Weißwein dazugießen, mit Pfeffer, Salz und Zucker abschmecken und das Fleisch hineingeben.

GRÜNKOHL UND SCHWEINEBACKE

Wenn der Schnee das flache Land bedeckt wie ein frisch gewaschenes und gebügeltes Tischtuch den großen Esstisch (worauf er meistens nach wenigen Stunden wieder schmilzt und eine grausige, deprimierende Pampe zurücklässt, in der man mit den Schuhen stecken bleibt), dann sollte man sich von innen wärmen durch Liebesglück und ein anständiges Winteressen. Grünkohl wäre da zu nennen, der sowieso nur richtig mundet, wenn er Frost abbekommen hat.
Beinah jedes Mal, wenn Bruce Willis wieder langsam stirbt, ruft er seinem abstürzenden oder explodierenden Gegner herzlich zu: »Jippija-yeah, Schweinebacke!« Das meint er aber gar nicht nett.
Da sind wir im Norden anders. Wir lieben unsere Schweine. Wenn wir Schweinebacke sagen, dann meinen wir das ganz besonders nett. Und wir denken wahrscheinlich unwillkürlich an Grünkohl …

300 g geräucherte Schweinebacke,
2 Zwiebeln, 200 g Schweineschmalz,
2 kg Grünkohl, Salz, Pfeffer, Muskatnuss,
4 geräucherte Kochwürste, 2 EL Haferflocken

Die Schweinebacke waschen und in einem Topf gut mit Wasser bedeckt ca. 2 Stunden kochen lassen. Die Zwiebeln pellen und klein hacken, dann in einem anderen Topf im Schmalz leicht anbräunen. Den Grünkohl waschen, trocken schütteln, von den Stängeln streifen und grob hacken. Einige Minuten mitschmoren. 500 ml Wasser angießen, mit Salz, Pfeffer und Muskatnuss würzen und ca. 1 Stunde garen lassen. Hin und wieder eventuell etwas Wasser nachgießen. In der letzten Viertelstunde die Kochwürste oben auf den Kohl legen.
Die Schweinebacke aus dem Topf holen und in Scheiben schneiden, auf eine angewärmte Platte legen, die Kochwürste daneben. Die Haferflocken in den Grünkohl rühren und alles mit einer Schaumkelle aus dem Topf holen oder durch ein großes Sieb gießen: Der Kohl darf nicht zu nass sein, weil er sonst die schönen süßen Röstkartoffeln aufweicht! (Rezept S. 38)

Tipp: Ich weiß, dass es im ursprünglichen Rezept bestimmt nicht vorkommt, aber ich empfehle trotzdem außer Salz, Pfeffer und Muskatnuss 3 bis 4 Esslöffel salzige Sojasauce im Kohl …

LAMM- UND BOHNEN-TOPF

Ein schmissiges Lied meiner Heimat beginnt ungefähr folgendermaßen:

»Wenn hier ein Pott mit Bohnen steht
und da ein Pott mit Brei,
dann lass ich Brei und Bohnen stehn
und tanze mit Marei …«

Wer immer diesen Sang erschaffen hat, er wollte sicher zum Ausdruck bringen, um wie viel wichtiger und wertvoller die hohe Kunst des Balzens ist im Gegensatz zur dumpfen Völlerei. Recht so. Lasst ihn tanzen. Wir wenden uns inzwischen dem Bohnentopf zu.

500 g Lammfleisch, Salz, schwarzer Pfeffer,
je 1 TL getr. Rosmarin und Thymian, 200 g Zwiebeln,
80 g Butter, 250 ml herber Rotwein,
500 g grüne Bohnen, 500 g Kartoffeln,
250 g frische große weiße oder gesprenkelte Bohnen

Das Lammfleisch waschen, trocken tupfen, in mundgerechte Stücke schneiden, mit Salz, Pfeffer und den Kräutern einreiben. Die Zwiebeln pellen und würfeln, zusammen mit dem Fleisch und der Butter in einem Topf anschmoren. Mit dem Rotwein und 500 ml Wasser ablöschen, zugedeckt 1 Stunde kochen.
Inzwischen die grünen Bohnen waschen, putzen und in Stücke brechen, dazugeben, noch 30 Minuten kochen. Die Kartoffeln schälen, in Scheiben schneiden, mit den großen Bohnen dazugeben und noch 20 Minuten mitkochen.

GRAUPENSUPPE MIT LAMM

700 g Lammkeule, Salz, geriebene Muskatnuss,
schwarzer Pfeffer, 50 g Paniermehl,
100 g Schweineschmalz, 1 Lorbeerblatt,
1 TL schwarze Pfefferkörner, 150 g kleine Gerstengraupen,
3 Möhren, 2 Zwiebeln, 1 Sellerieknolle,
1 kleiner oder halber Kohlkopf, 1 Bund Schnittlauch

Die Lammkeule waschen, mit den Gewürzen und dem Paniermehl einreiben, im Schmalz von allen Seiten anbräunen. Ca. 1½ Liter Wasser aufgießen, das Lorbeerblatt hinzufügen, 2 Stunden köcheln lassen.
Nach 1 Stunde die Graupen hinzufügen. Das Gemüse säubern und in dünne Scheiben bzw. Streifen schneiden, in der letzten halben Stunde mitkochen.
Keule herausholen, das Fleisch vom Knochen lösen und in mundgerechte Stücke schneiden, wieder in den Topf geben. Den Schnittlauch waschen, in Ringe schneiden und über die Graupensuppe streuen.

Dieses Gericht ist richtig alt. Das merkt man schon daran, dass hier in Wirklichkeit nicht von Lamm die Rede ist, sondern von Hammel. Ich habe mich, um es versuchsweise herzustellen, bemüht, bei verschiedenen Schlachtern Hammel zu bekommen, und bin jedes Mal angeguckt worden, als käme ich in beleidigender Absicht. Es sieht so aus, als ob heutzutage ein Hammel, der seine zarteste Jugend überstanden hat, sich von da an ums Überleben keine Sorgen mehr zu machen braucht.
Ein weiteres Problem besteht darin, dass die Keule ursprünglich nicht mit Paniermehl, sondern mit ›Krümchen von altem, hartem Pfefferkuchen‹ eingerieben werden sollte. Ein typisches Januaressen?
Ich finde, trotz meiner Änderungen schmeckt das Ganze immer noch sehr rustikal und altertümlich.

… oder auf eine leckere Hasensuppe?

HOLSTEINER HASEN-SUPPE MIT SAUERKOHL

Für diesen Eintopf brauchen Sie einen schweigsamen, küchenfertigen Hasen. Ich persönlich lege so ein Tier immer gern über Nacht in Milch oder Buttermilch, um den Geschmack zu mildern. Davon steht allerdings nichts im Rezept.

Ein küchenfertiger Hase: Rücken, Keulen, Läufe,
1 Stück frischer Ingwer,
250 g Sauerkohl, 100 g Rosinen,
200 g Pilze nach Wahl, 125 ml Madeira,
125 g Sahne, Salz und Pfeffer

Hasenteile mit Wasser bedeckt aufsetzen, ca. 1 TL Ingwerwurzel ins Kochwasser reiben. Nach 30 Minuten Kochzeit den Sauerkohl und die Rosinen, 15 Minuten später auch noch die geputzten Pilze hinzufügen. Eventuell etwas Wasser nachgießen, aber sparsam. Wenn das Fleisch gar ist, wird es von den Knochen geschnitten und gewürfelt, dann wieder in den Topf gegeben. Den Madeira und die Sahne dazugießen und gut verrühren, mit Salz und Pfeffer abschmecken.

SNUTEN, POTEN UND SAUERKOHL

Dieses Rezept ist stolz darauf, jede Raffinesse beiseite zu lassen. Stört es Sie, wenn Sie dem Essen ansehen können, wer oder was es mal war? Dann schlagen Ihnen die Snuten und die Poten vielleicht aufs Gemüt. Mir macht so was nichts aus. Viel mehr befremdet es mich, dass mir nun schon wieder ein passendes Lied einfällt:

»So'n Pott voll Snuten un Poten,
dat is 'n scheun Gericht –
Arfen un Bohnen
Wat beeters gifft dat nich!«

Sollte es eine typisch norddeutsche Manie sein, ständig den Esstisch anzusingen, oder treten diese Symptome auch bei anderen deutschen Volksstämmen auf? Für entsprechende Leserbriefe wäre ich aufrichtig dankbar.

ca. 1 kg gepökelter Schweinskopf (Snuten),
4 gepökelte Schweinsfüße (Poten),
Salz, 1 kg Sauerkohl

Die Snuten und Poten gründlich kalt abwaschen, in einem Topf mit Wasser aufkochen, abgießen, abspülen. Mit neuem Wasser und Salz aufsetzen, 3 Stunden lang sieden lassen. In den letzten 30 Minuten den Sauerkohl dazu geben und mitgaren. Schluss. Fertig.

Dazu serviert man schön mehlige, gedämpfte Salzkartoffeln und Erbsenpüree. (Rezept S. 39)

Tipp: Ein normaler Schlachter ist vielleicht nicht jederzeit darauf gefasst, dass jemand gepökelte Schweinsfüße und –schnauzen haben möchte. Man sollte sie also rechtzeitig bestellen.
Die angegebenen 3 Stunden Kochzeit sind übrigens exakt der kritische Punkt. Ungefähr so lange behält das Fleisch eine gewisse Festigkeit. Kocht man es noch eine halbe Stunde länger, wird es gallertartig. Was nicht bedeutet, dass es dann verdorben ist. Welche Konsistenz die Snuten und Poten haben sollten, ist reine Geschmackssache.

SCHNIPPELBOHNEN UND BEINFLEISCH

1 Zwiebel, 1 kg Ochsenbein, Salz,
1 Bund frisches (oder 1 EL getrocknetes) Bohnenkraut,
1 kg frische grüne Bohnen, 500 g Kartoffeln,
100 g Butter, 60 g Mehl, 3 EL Sahne, Pfeffer,
Suppenwürze, 1 Bund krause Petersilie, gehackt

Die Zwiebel pellen und halbieren. Das Ochsenbein in kaltem Salzwasser aufsetzen, die Zwiebel und das Bohnenkraut dazugeben, 1½ Stunden kochen lassen.

Die Bohnen waschen, Stielansatz und eventuelle Fäden entfernen, mit einem scharfen Gemüsemesser schräg in ca. 1 cm breite Stückchen schnippeln. Die Kartoffeln waschen und schälen, in kleine Würfel schneiden. Beides zum Ochsenbein in den Topf geben, weitere 15 bis 20 Minuten kochen lassen. Das Beinfleisch herausholen, vom Knochen trennen und in Stückchen schneiden, zurück in die Suppe geben, damit es nicht trocken wird, sondern sich noch einmal voll saugt. Nach einigen Minuten die Suppe durch ein Sieb gießen, die Brühe auffangen, Suppeninhalt warm stellen.

Die Butter und das Mehl in einem Schmortopf anschwitzen, bis die Masse hellbraun wird. Dann sofort 5 bis 6 große Kellen der Brühe hineinrühren, jedes Mal aufkochen lassen. Vom Herd nehmen. Die Sahne dazu gießen, mit Salz, Pfeffer und Suppenwürze abschmecken, den Suppeninhalt hinein geben und behutsam umrühren. Mit der Petersilie bestreuen.

Ich liebe Schnippelbohnen, vielleicht, weil's die bei uns zu Hause nie gab: Meine Mutter war eine Anhängerin der Brechbohne. So durfte ich nur ab und zu mal Schnippelbohnen ›bei fremden Leuten‹ mitessen, falls ich bei einer Schulfreundin zum Essen eingeladen war, und dadurch wurde dieses simple Gericht für mich zu etwas Besonderem.

Tipp: Vorsicht bei der Mehlschwitze! Es geht um Sekunden: Sobald die Mehlschwitze mittelbraun wird, schmeckt sie bitter und ist verdorben.

LABSKAUS

Eintopf ist etwas, wofür man nur den Löffel braucht. Ist Labskaus ein Eintopf? Und falls nicht, was ist es sonst? Natürlich: der letzte, verzweifelte Versuch vom Smutje, die hungrigen Matrosenmäuler zu stopfen, indem er alle Reste zusammenknetete, das weiß jeder. Oder verhält es sich vielmehr doch eher so, dass dies Gericht auf den Kombüsentisch kam, wenn hoher Seegang war und alles Flüssige nur weggeschwappt wäre?

Traditionelles Rezept

1 kg gepökelte Rinderbrust, Salz, 3 Salzheringe,
1 kg Kartoffeln, 2 Zwiebeln, 2 EL Schweineschmalz,
200 g Rote Beete, 1 große Salzgurke,
Pfeffer, 1 EL feiner Meerrettich, evtl. pro Person 1 Ei

Das Rindfleisch abwaschen und in Salzwasser gut bedeckt 2 Stunden garen. Währenddessen die Salzheringe wässern. Die Kartoffeln und die Rote Beete säubern, schälen, klein schneiden und – getrennt – weich kochen. Das Rindfleisch aus dem Wasser holen, etwas abkühlen lassen. In kleinere Stücke schneiden. Die Salzheringe trocknen, entgräten. Die Kartoffeln und die Rote Beete abgießen. Alles zusammen durch den Fleischwolf geben. Wenn der Brei zu fest gerät, etwas vom Fleischkochwasser beimengen. Die Salzgurke klein würfeln. Die Zwiebeln pellen und hacken und im Schmalz glasig dünsten. Beides zum Labskaus rühren, mit Salz, Pfeffer und Meerrettich würzen.
Jetzt kann man noch für jeden 1 Spiegelei braten und zum Labskaus servieren.

Mein Rezept

2 1/2 kg mehlig kochende Kartoffeln, Salz,
2 große Zwiebeln, 80 g Butter,
1 EL gekörnte Brühe, 1 großer, säuerlicher Apfel,
ca. 300 g kleine Gewürzgurken,
2 Büchsen Corned Beef à 250 g, Salz und Pfeffer,
1 TL geriebener Meerrettich, 1 Schuss Sahne,
4 Eier, ein wenig Öl zum Braten, 4–8 zarte Matjesfilets,
700 g eingelegte Rote Beete

Die Kartoffeln schälen, in kleine Stückchen schneiden und in Salzwasser garen.

Inzwischen die Zwiebel klein würfeln und in der Butter glasig dünsten, mit etwas Wasser ablöschen und die gekörnte Brühe hineinrühren. Den Apfel schälen, vierteln und in kleine Würfel schneiden. Die Gewürzgurken ebenfalls fein würfeln.

Die Kartoffeln abgießen, in eine hohe Schüssel geben und zuerst stampfen, dann mit dem Handrührgerät pürieren. Den Inhalt der Corned Beef-Büchse dazugeben und einarbeiten, ebenso die Zwiebelsauce, Apfel- und Gurkenwürfelchen. Mit den Gewürzen abschmecken und mit etwas Sahne verfeiern.

Für jeden 1 Spiegelei braten, außerdem Matjesfilets und Rote Beete-Scheiben zum Labskaus servieren.

Kennen Sie Leute aus Norddeutschland, die viel und gern kochen? Fragen Sie die mal, ob sie ein eigenes Labskaus-Rezept besitzen. Und sehen Sie zu, dass Sie bequem sitzen. Jeder hat ein eigenes Labskaus-Rezept. Bei einige Köchen wird der Matjes in den Kartoffelbrei gemust, bei einigen ringelt er sich nur drumherum. Manche mixen die rote Beete unter (dann sieht das Labskaus aus wie Wolken bei Sonnenuntergang), manche geben sie noch nicht mal als Beilage. Jeder Schiffskoch hatte ein eigenes Labskaus-Rezept. Jede Matrosenmutter hat ein eigenes Labskaus-Rezept. Mein Vater hatte ein eigenes Labskaus-Rezept.

Ich habe natürlich auch ein eigenes Labskaus-Rezept. Ich stelle Ihnen jedoch außerdem ein klassisches, sehr altes vor.

HAMBURGER NATIONAL

Hamburger National ist ebenfalls sehr traditionsreich. Dazu passen übrigens besonders gut Bier und Köm, das ist klarer Kümmelschnaps. Eberhard, in sein Schicksal ergeben und schon rasiert, wird nun auch benötigt: Für diese Nationalspeise brauchen wir frischen Schweinebauch.

2 Zwiebeln, 100 g durchwachsener Speck,
500 g frischer Schweinebauch,
Salz, weißer Pfeffer, Majoran, 1 Nelke,
1 Lorbeerblatt, 1 kg Steckrüben, 1 kg Kartoffeln,
etwas Zucker, 1 Bund Petersilie, gehackt

Die Zwiebeln pellen und würfeln, den Speck würfeln und beides in einem Schmortopf knusprig goldgelb rösten. Den Schweinebauch mit kaltem Wasser waschen, trockentupfen, in mundgerechte Stücke schneiden und dazugeben. Salzen und pfeffern, mit höchstens 500 ml Wasser aufgießen. Die anderen Gewürze hinzufügen und alles 30 Minuten lang zugedeckt kochen.
Inzwischen das Gemüse waschen, putzen und in Stifte schneiden, dazugeben und weitere 30 Minuten kochen. Mit Salz, Pfeffer und etwas Zucker abschmecken und mit der Petersilie bestreut servieren.

GEMÜSIGES

Manchmal überkommt auch den eingefleischtesten Schnitzelvertilger ganz unvermutet und spontan die Sehnsucht nach rein vegetarischer Kost …

Aber das mit der rein vegetarischen Kost ist bei alten Gerichten so eine Sache …
Die Volksküche verachtet sie letztendlich. Deshalb habe ich eigentlich nur ein einziges Rezept gefunden, das wirklich unter vegetarisch durchgehen könnte, nämlich das gestoovte Gemüse. Und selbst das ist, bei Licht betrachtet, nichts weiter als eine Beilage. Raten Sie mal, wem es beilag.
Einfach zuzugeben, dass noch nicht mal ein wenig Schinken oder zumindest Speck vorhanden war, um die Sachen anzureichern, glich offenbar in älteren Zeiten einem absoluten Armutszeugnis.
Das verhält sich gegensätzlich zu unseren heutigen Essgewohnheiten; das einfache Volk besteht noch auf täglich Fleisch und Wurst, weil's schmeckt und aus Prinzip, man kann es sich ja wohl leisten. Wohlhabende und gebildete Leute haben sehr viel mehr Sinn für vernünftige Ernährung und leisten sich den Fleischgenuss bewusst bedeutend seltener, der Umwelt und der Gesundheit zuliebe.

Kalles astreine Performance mit Ketchup

GESTOOVTES GEMÜSE

Gemüse ist leicht und vitaminreich und gut für die Figur, da es kein Fett enthält. Jedenfalls, solange man es nicht, wie's die norddeutsche Hausfrau liebt, ›'n büschen anstoovt‹, damit die Gäste nicht so vom Fleische fallen.
Soviel ich weiß, ist es möglich, absolut jedes Gemüse ›'n büschen anzustooven‹.

1 kg frisches Gemüse der Saison (etwa Kohlrabi, junge Möhren, Bohnen), Salz, 50 g Butter, 50 g Mehl, 125 ml Milch, etwas Sahne, Zucker, einige Stängel frische Petersilie, gehackt

Das Gemüse waschen, putzen, zerkleinern, in Salzwasser ca. 20 Minuten garen. Das Mehl in der Butter anschwitzen, ohne es zu bräunen, nach und nach mit der Milch verquirlen, bis die Sauce weder zu dick noch zu dünn ist. Die Sahne hineinrühren, mit Salz und Zucker abschmecken, über das Gemüse geben, mit der gehackten Petersilie bestreuen.

Tipp: Ein Spürchen gesünder und vernünftiger wird das Stooven, wenn Sie die Milch teilweise oder ganz durch das Gemüsekochwasser ersetzen. Da sind zumindest noch einige Vitamine drin, und es macht auch nicht so dick wie Milch …

DICKMUSIK

2 Zwiebeln, 500 g große Bohnen,
500 g frische Erbsen, 500 g Möhren, 500 g Kartoffeln,
3 Stangen Porree, 250 g Schinkenspeckwürfel,
Salz, Pfeffer, ½ Bund Petersilie, gehackt

Die Zwiebel pellen und klein hacken. Das Gemüse putzen und zerkleinern. Die Hälfte der Schinkenwürfel mit der Zwiebel andünsten. Das Gemüse in Schichten (also nicht untereinander gemischt) draufgeben, alles mit 500 ml Wasser angießen, 20 Minuten garen. Währenddessen die restlichen Schinkenwürfel in einer Pfanne rösten.
Das Gemüse mit Salz und Pfeffer abschmecken und mit der Petersilie und den gerösteten Schinkenwürfeln bestreuen.

Dickmusik ist eine weitere Möglichkeit, Gemüsekost nahrhafter zu gestalten, wie schon der hoffnungsfrohe Name sagt. Aber eigentlich ist das ungerecht der Dickmusik gegenüber. Wenn wir bedenken, dass sie fälschlich unter ›vegetarisch‹ steht und im Grunde ein fröhlicher Eintopf ist, dann steht ihr doch das bisschen Schinkenspeck zu, oder?

SCHNÜSCH

Zu diesem schönen Gemüseeintopf isst man in Schleswig-Holstein gern ein paar Scheiben vom zarten Katenschinken. Oder auch ein paar Scheiben mehr. Je nach dem, wie viel Schinken dem Schwein zur Verfügung stehen …

Schnüsch ist ein Frühlingsessen, zu dem vor allem zartes, noch kleingewachsenes Gemüse verwendet wird. Sie können statt der genannten Gewächse gern auch große weiße Bohnen oder Kohlrabi nehmen. Kartoffeln, Möhren und Bohnen sind allerdings Pflicht.
Als ich ein kleines Mädchen war, liebte ich dies Gericht, weil es so einen niedlichen Namen hat. Und meiner Mutter, die überhaupt nichts dafür konnte, zumal sie aus Berlin stammt, gelang es dadurch, eine ganze Menge Vitamine in mich hineinzustopfen.
Im Grunde ist Schnüsch dem Gestoovten Gemüse (Rezept S. 34) sehr eng verwandt, nur enthält es kein Mehl, besitzt also flüssigeren Charakter. Darum wird es auch aus einem tiefen Teller gelöffelt, den Schinken isst man nebenan vom Brettchen.

250 g kleine, junge Kartoffeln,
250 g Möhren, 250 g grüne Bohnen,
250 g gepalte junge Erbsen, Salz, 100 g Butter,
750 ml Milch, ½ Bund Petersilie, gehackt, Salz,
Zucker, Pfeffer, Muskatnuss

Die Kartoffeln und die Möhren schälen und in Scheiben schneiden, die Bohnen putzen und in Stücke schneiden. Zusammen mit den Erbsen in Salzwasser kalt ansetzen und ca. 25 Minuten kochen, abgießen und warm stellen. Die Butter in einer tiefen Pfanne schmelzen. Bevor sie braun wird, die Milch dazu gießen und umrühren, aufkochen. Die Petersilie hineingeben, mit den Gewürzen abschmecken und über das Gemüse gießen.

SÜSSE RÖST-KARTOFFELN

Auch dies ist, so sehr ich es bedaure, kein vegetarisches Gericht, sondern nur eine Beilage. Süße Röstkartoffeln allein würden vermutlich ziemlich seltsam schmecken. Seite an Seite mit Dinkelburgern oder Möhrenauflauf kann ich sie mir ebenso schlecht vorstellen. Zu deftigen salzigen und geräucherten Sachen jedoch sind sie wirklich ein Hit.

Da ich dem normalen weißen Zucker misstraue, habe ich die Kartoffeln in viel weniger schädlichem Rohrohrzucker gewälzt, und siehe, das Ergebnis war außerordentlich lecker! Die süßen Kartoffeln gehören traditionell zu einigen Wintergerichten wie beispielsweise Grünkohl. Vielleicht, weil Kartoffeln, die Frost abbekommen haben, süßlich werden. Und wenn man das schon nicht ändern kann, dann verstärkt man's eben ...

1 kg sehr kleine, fest kochende Kartoffeln, 50 g Schweineschmalz, etwas Salz, 3 EL (Rohr)Zucker.

Die Kartoffeln gründlich waschen und möglichst am Vorabend in der Schale mindestens 15 und höchstens 20 Minuten kochen. Mit kaltem Wasser abschrecken, abpellen. Mit Küchenpapier abtrocknen und offen – nicht zu dicht aufeinander – abkühlen lassen, sodass sie von außen trocknen.

Zum Braten das Schmalz in einer großen Pfanne erhitzen und die Kartoffeln darin von allen Seiten goldbraun rösten. Was bedeutet, dass sie immer wieder sorgfältig umgedreht werden müssen! Wenn sie fast fertig sind, erst mit Salz und dann mit dem Zucker bestreuen. Mehrmals in dem karamellisierenden Zucker schwenken.

ERBSENPÜREE

500 g getrocknete grüne Erbsen,
½ TL getrockneter Majoran, Salz, Pfeffer, 1 Zwiebel,
40 g geräucherter Speck, 40 g Butter, 1 TL Mehl

Die Erbsen über Nacht in kaltem Wasser einweichen und am nächsten Tag in dem Einweichwasser auf den Herd bringen. Majoran, Salz und Pfeffer dazugeben. Alles ca. 2 Stunden lang kochen. Eventuell Wasser nachgießen. Schließlich abgießen und mit der Küchenmaschine pürieren.
Die Zwiebel schälen und in Ringe schneiden, den Speck würfeln. Beides zusammen in der Butter und mit Mehl bestreut in einer Pfanne hellbraun und knusprig werden lassen. Das Erbsenpüree zu einem Kloß formen und oben etwas eindellen, Zwiebel und Speckwürfel mit der braunen Butter obenauf gießen.

Ich gebe hier der Ordnung halber das komplette Rezept wieder, obwohl ich mir denke, dass Sie Erbsenpüree eher als Beilage servieren werden – zu Snuten und Poten mit Sauerkohl etwa. In diesem Fall können Sie großzügig drauf verzichten, das Püree auch noch mit Zwiebel, Speck und brauner Butter zu krönen. Es sei denn, Sie sind gerade dabei, jemanden, der fürchterlich an Gewicht verloren hat, wieder aufzupäppeln …

KOPFSALAT IN SAHNESAUCE

Hier haben wir noch eine vegetarische Beilage zu nichtvegetarischen Gerichten. Dies ist die gebräuchlichste Art, in Norddeutschland grünen Salat anzurichten. Außer Kopfsalat können Sie ebenso auch Römersalatherzen oder Eisbergsalat in die Sauce geben.

1 kleine oder halbe Zwiebel,
$1/4$ TL Salz, Saft von $1/2$ Zitrone,
1 EL Zucker, 125 g Sahne,
1 Kopf Salat, $1/2$ Bund Petersilie, gehackt

Die Zwiebel pellen und sehr fein hacken, in eine Salatschüssel geben und mit dem Salz verrühren. Den Zitronensaft mit dem Zucker und der Sahne verquirlen, darüber gießen, einmal umrühren und quellen lassen. Die Sahne wird nämlich, in Verbindung mit dem Zitronensaft, dick.
Inzwischen den Salatkopf putzen, waschen, das Wasser abschütteln und die Blätter in mundgerechte Stücke zupfen. Direkt vor dem Servieren in die Salatsauce geben, sonst wird er in der Säure schnell lappig. Mit der gehackten Petersilie bestreuen.

PÜSCHAMIL-KARTOFFELN

So stellen sie die Leute in Hamburg her, meint Gerda. Und so werden sie dort auch genannt. Ich hege den Verdacht, dass die Hamburger ›Béchamel-Kartoffeln‹ sagen wollten. Aber das behalte ich für mich.

750 g festkochende Kartoffeln, 1 Gemüsezwiebel,
100 g durchwachsener, gewürfelter Speck,
50 g Butter, 50 g Mehl, 250 ml Milch,
1 Messerspitze weißer Pfeffer,
1 Messerspitze geriebener Muskat, Salz und Zucker

Die Kartoffeln waschen und kochen, mit kaltem Wasser abschrecken, pellen und in nicht zu dünne Scheiben schneiden. Warm stellen. Die Zwiebel pellen und hacken, mit dem Speck in einer Pfanne goldgelb bzw. knusprig rösten. Mit Mehl bestäuben, umrühren, die Milch angießen. 3 bis 4 Minuten unter Rühren andicken lassen. Mit den Gewürzen abschmecken, über die Kartoffeln gießen und servieren.

Weil ich so traurig darüber war, dass in diesem Kochbuch derart wenig vegetarische Rezepte vorkommen (denn schließlich bin ich es, der ständig allen Leuten predigt, sie sollten weniger Fleisch essen!) hat mir Gerda noch ein Kartoffelgericht aus der Norddeutschen Küche verraten. Es enthält nur ein *kleines* bisschen Speck.

KLÖSSE UND TEIGIGES

Neben Getreide- und Mehlbrei waren Klöße früher in Norddeutschland eine häufigere Beilage als Salzkartoffeln – von exotischen Sachen wie Nudeln oder gar Reis ganz zu schweigen.
Kartoffelklöße passen bestens zu jeder Art von Braten und Ragout, weil sie sich durch ihre Konsistenz besonders dazu eignen, Sauce aufzusaugen.

KARTOFFELKLÖSSE

1 kg mehlig kochende Kartoffeln, Salz,
200 g fetter Speck,
150 g Buchweizenmehl oder Weizenmehl, 2 Eier,
Pfeffer, Muskatnuss, noch etwas Mehl

Die Kartoffeln schälen und die Hälfte in Salzwasser weich kochen, die andere Hälfte reiben und die Flüssigkeit mit einem sauberen Geschirrtuch herausdrücken. Die gekochten Kartoffeln abgießen, pürieren und mit dem geriebenen Brei sehr gut mischen.
Den Speck würfeln und in einer Pfanne auslassen, sodass knusprige Grieben entstehen. Etwas abkühlen lassen. Kartoffelmasse, Grieben, Mehl und Eier miteinander verkneten, die Masse mit den Gewürzen abschmecken. In einem großen Topf 3 bis 4 Liter Salzwasser zum Kochen bringen, dann kleiner stellen und sieden lassen. Mit bemehlten Händen aus dem Teig tennisballgroße Klöße formen und ca. 20 Minuten im Salzwasser gar ziehen lassen.

BIRNEN UND SPECK IM TEIG

1 kg frische Tafelbirnen, 2 EL Zucker,
200 g durchwachsener Speck, 500 g Mehl,
500 ml Milch, 1 Päckchen Backpulver, 100 g Butter,
4 Eier, 50 g Zucker, ½ TL Salz, etwas Mondamin

Den Backofen auf 200 °C vorheizen. Die Birnen waschen, schälen und halbieren, von Stil, Blüte und Kerngehäuse befreien.
Den Zucker in 1 Liter Wasser rühren, die Birnen im Wasser in 10 bis 15 Minuten weich kochen, dann herausholen und abtropfen lassen. Den Speck in dünne Scheiben schneiden. Eine große oder zwei kleine Auflaufformen mit den Speckscheiben belegen und darauf die Birnenhälften schichten. Aus Mehl, Milch, Backpulver, Butter, Eiern, Zucker und Salz einen Teig rühren. Falls er zu fest wird, noch etwas Flüssigkeit beigeben, Milch oder Wasser. Den Teig über Birnen und Speck gießen, oben glatt streichen. Der Teig sollte die Auflaufform nicht vollständig füllen, da er noch aufgeht. 1½ Stunden backen.
Das Birnenkochwasser mit Mondamin andicken und über das Gericht gießen.

Ein süß-säuerlich-salzig-räucheriges Hauptgericht, das warm serviert und dann mit angedicktem Birnensaft oder Sirup begossen wird. Liest sich garantiert merkwürdiger, als es schmeckt.

Tipp: Andicken mit Speisestärke oder Mehl: Das Pulver immer erst in etwas kalter Flüssigkeit anrühren und dann in die heiße Brühe oder das Kochwasser geben, sonst gibt es Klümpchen und von Andicken kann keine Rede mehr sein.

BUCHWEIZENKLÖSSE

Wer zum ersten Mal diese Klöße kostet, verzieht vielleicht ein wenig das Gesicht, denn der Buchweizen schmeckt etwas herb und eigenwillig. Wer nicht nachlässt und zum zweiten Mal probiert, gewöhnt sich normalerweise schnell an das aparte Aroma. Es passt ganz besonders gut zu säuerlichen Gerichten, etwa zum Hasen in Essig (Rezept Seite 58).

500 g mehlig kochende Kartoffeln, Salz
100 g gewürfelten, durchwachsenen Speck,
100 g Buchweizenmehl, 1 Ei, 3 EL Milch

Die Kartoffeln waschen, schälen, in Salzwasser weich kochen und zu Brei stampfen. Abkühlen lassen. Mit Speck, Buchweizenmehl, Ei, Milch und 1 TL Salz verkneten. Ca. 3 bis 4 Liter Salzwasser in einem großen Topf zum Kochen bringen, dann etwas kleiner stellen. Aus dem Teig mit zwei Löffeln Klöße abstechen. (Ich möchte anmerken, das erfordert etwas Übung. Nicht nervös werden!) Die Klöße im siedenden Wasser ohne Topfdeckel ca. 10 Minuten ziehen lassen, dann herausholen und in einem Sieb abtropfen lassen.

Die fertigen Klöße neigen dazu, matschig zu werden, wenn sie noch zu nass sind. Ich habe sie auf zwei Lagen Küchenpapier nebeneinander gesetzt. Übrigens halten sie die Wärme ganz gut, meist sind die ersten wirklich noch innerlich heiß, wenn Sie die letzten zubereiten.

Tipp: Das Abstechen der Klöße gelingt leichter, wenn Sie die beiden Löffel immer wieder in kaltes Wasser tauchen. So bleibt der Teig nicht daran kleben.

MEHLKLÜTEN

1 TL Salz, 1 EL Schmalz, 300 g Mehl, 2 Eier

In einen Topf 500 ml Wasser füllen, Salz und Schmalz hineingeben und aufkochen. 100 g von dem Mehl beiseite stellen, den Rest in den Topf schütten und mit einem Holzlöffel emsig umrühren. Das Mehl weiß, worum es geht, und bildet bereits einen Kloß, oder sagen wir mal: Es macht Anstalten, zusammenzukleben. Mehlkloß herausfischen und in eine Schüssel setzen, das eine der Eier darüber schlagen und mit dem Kloß verrühren. Alles etwas abkühlen lassen, dann das zweite Ei unter den Teig arbeiten.

In einem großen Topf 3 bis 4 Liter Salzwasser zum Kochen bringen, mit nassen Händen aus dem Teig ungefähr 3 x 4 cm große Klößchen formen. (Warum sie nicht ganz rund, sondern etwas länglich sind, weiß ich auch nicht. Wahrscheinlich ist es einfach Tradition.) Nicht zu viele Klößchen auf einmal ziehen lassen, sonst kleben sie aneinander. Nach 10 Minuten sind die Klüten fertig und können herausgefischt werden. Gut abtropfen lassen, damit sie nicht klebrig werden!

DAS SCHWEIN MIT SECHS SCHINKEN – GLÜCKWUNSCH, DR. HANSEN! ABER ICH WETTE, DIE GRÜNEN WERDEN AUCH HIER WIEDER WAS ZU MECKERN HABEN.

Diese netten kleinen weißen Klößchen schwimmen in jedem Essen, das einigermaßen flüssig ist. Man isst sie als Suppeneinlage im ganzen Norden, sogar in Dänemark. Ich habe gern eine Portion Mehlklüten im Tiefkühlfach, um sie je nach Bedarf in eine Hühnerbrühe oder eine Minestrone zu werfen. Als Selbstverständlichkeit gehören Mehlklüten in die Saure Suppe (Rezept S. 8) und Buttermilchsuppe (Rezept S. 15), oft werden sie auch der Aalsuppe (Rezept S. 12) beigegeben.

DITHMARSCHER MEHLBÜDDEL

Natürlich wäre es etwas übertrieben, zu behaupten, Sie sollten den Mehlbüddel zu gemischtem Aufschnitt reichen. Bei all den verschiedenen Rezepten, die ich zum Thema Mehlbüddel fand, reichen die Vorschläge, was man dazu essen sollte, allerdings von ›geräucherter Schweinebacke und Fruchtsauce‹ über ›einfach mit Zucker und Zimt bestreuen‹ und ›Pellkartoffeln mit Senfsauce‹ sowie ›gekochtes Backobst‹ bis zu ›große Scheiben von Katenschinken‹. Also so weit weg ist das nun auch wieder nicht von gemischtem Aufschnitt!

Der große Mehlbüddel taucht in mindestens so vielen Variationen auf wie die Aalsuppe. Mal wird er mit Hefe gemacht und mal ohne. Mal heißt er ›Bunter Mehlbüddel‹, da wird das Backobst gleich mit verarbeitet, mal nennt er sich ›Schwarzer Mehlbüddel‹ und beinhaltet einen halben Liter Schweineblut im Teig. (Nachdem wir jedoch Ihren Schlachter schon mit Snuten und Poten erschreckt haben, müssen wir ihm nicht noch Schweineblut abverlangen.)

Immer mal wieder taucht die Bezeichnung ›Groter Hans‹ oder ›Groter Heini‹ für dieses Gericht auf. Andererseits behaupten auch einige Kochbücher, das sei der Name für Birnen, Bohnen und Speck. Nun kann ich mir ganz gut vorstellen, einen stattlichen Mehlklumpen, der mit einer feuchten Serviette bekleidet ist, mit »O großer Heini« anzusprechen. Aber eine Suppe aus vielen kleinen Bohnen und vielen kleinen Birnen? Das halte ich für unangemessen.

In nahezu allen Rezepten, die ich las, steht ganz nett, man solle die Zutaten ›zu einem glatten Teig verrühren‹ oder ›zu einem geschmeidigen Teig kneten‹, als sei das eine Beschäftigung, die nicht besonders viel Zeit in Anspruch nimmt und keineswegs den ganzen Menschen fordert. Ich finde so etwas nicht fair und möchte meinerseits in aller Offenheit bemerken: Egal ob mit oder ohne Hefe, der Mehlbüddel, solange noch im Entstehen begriffen, ist ein eigenwilliger Flachlandcharakter, sozusagen ein zäher Bursche.

Sie können die Sache natürlich den Knethaken Ihrer Küchenmaschine anvertrauen, sich anschließend tapfer bemühen, diesen Knethaken den Teig wieder zu entreißen, worauf Sie sich am nächsten Tag einfach eine neue Küchenmaschine kaufen ...

Unsere handfesten, bärtigen Vorfahren (die männlichen und die weiblichen) scheinen vor allem von dem gelebt zu haben, was es rund ums Haus gab: Schweinefleisch, Milchprodukte und Getreide. Das Getreide ergab den Brei oder die Grütze, bevor der Brotfladen entstand. Und aus Brei oder Grütze formten sich Klöße ...

Nehmen Sie lieber gleich die Hände. Denken Sie daran, Ihre Juwelen abzulegen, bevor es losgeht, ja, auch den Ehering. Nähern Sie sich dem Mehlbüddel-Teig nicht, wenn Sie allein im Haus sind, sodass Ihre verzweifelten Schreie nach mehr Mehl verhallen, während Sie bis zu den Ellbogen im Teig feststecken.

Falls Sie sich jetzt immer an das Rezept heran wagen, möchte ich eines glaubhaft versichern: Das Zeug schmeckt einfach köstlich, sowohl die Hefe- als auch die Nichthefe-Variante.

Ich stelle Ihnen die beiden gebräuchlichste Rezepte vor.

1. DITHMARSCHER MEHLBÜDDEL MIT HEFE

500 g Mehl, 1 Würfel frische Backhefe,
125 ml Milch, 1 Prise Zucker, 3 Eier, 100 g Schmalz,
100 g Rosinen, 60 g gehackte süße Mandeln, Salz

Das Mehl in eine Schüssel geben, eine kleine Kuhle in die Mitte drücken und die zerbröckelte Hefe darin mit ein wenig warmer Milch, dem Zucker und etwas Mehl verquirlen, dann mindestens 10 Minuten aufgehen lassen. Alle anderen Zutaten bis auf das Salz hinzufügen und zu einem geschmeidigen Teig verarbeiten. (Nur Mut!) Der Teigkloß muss an einem warmen Ort so lange gehen, bis er den doppelten Umfang erreicht hat.

Ein sauberes Geschirrtuch oder eine saubere Stoffwindel mit Mehl bestäuben, den Kloß darauf betten. In einem riesengroßen Topf Salzwasser zum Kochen bringen und den Mehlbeutel im Tuch hineinhängen, 1 Stunde zugedeckt leise köcheln lassen. Der Kloß muss ganz mit Wasser bedeckt sein, darf jedoch nicht auf dem Topfboden aufstippen.

Schließlich holt man den Kloß aus dem Wasser und lässt ihn etwas abtropfen. Er ist nicht rund, sondern unterm Bauch abgeflacht, da, wo das Tuch ihn gehalten hat. Auf dieser platten Seite bleibt er geduldig liegen, während man ihn zerteilt und zu Was-für-Zutaten-auch-immer serviert.

Es gibt eine Reihe von phantasievollen Anweisungen, auf welche Art man das Tuch mit einem oder zwei Kochlöffeln verknotet, um es in der richtigen Höhe aufzuhängen. Ich habe es unter den Topfdeckel gehängt und am Deckelknopf festgebunden, das ging hervorragend.

Klöße sind die Veteranen, sozusagen die Urahnen der Beilagen. Denn wenn auch die Wikinger lange vor Kolumbus Amerika entdeckt haben, versäumten sie es, Kartoffeln mit nach Hause zu bringen. Sie sprachen vielmehr vom »Vinland«, in dem die süßen Trauben wuchsen, aus denen sie natürlich sofort berauschende Getränke brauten. Vielleicht hätte man ihnen mal was von Kartoffelschnaps erzählen sollen?

2. DITHMARSCHER MEHLBÜDDEL OHNE HEFE

500 g geräucherte Schweinebacke,
500 g Mehl, 8 Eier, 500 ml Milch, ½ Tüte Backpulver,
1 TL Salz, 2 EL Zucker, je ½ TL Kardamom und Zimt,
125 g Rosinen, 125 g Backpflaumen

Die Schweinebacke mit kaltem Wasser waschen und in einen sehr, sehr großen Topf legen, der halb voll ist mit kaltem Wasser. Während es zu kochen beginnt, aus Mehl, Eiern, Milch, Backpulver und Gewürzen einen glatten Teig rühren. Ein Leinentuch heiß ausspülen, auswringen, Rosinen und Backpflaumen einfüllen. Den Teigkloß obenauf legen, alle Zipfel zusammenbinden, Technik s. Seite 49. Aber diesmal darf der Mehlbüddel nur genau bis zur Hälfte mit Wasser bedeckt sein! Und die Schweinebackenbrühe muss die ganzen 2 Stunden lang sprudelnd kochen, was verlangt, dass der Deckel nicht ganz fest aufliegt und dass eventuell ab und zu etwas Wasser nachgegossen wird.

Ich hatte 16 Rezepte von Mehlbüddeln und Dicken Hänsen und Groten Heinis, und je nachdem wird dem Koch eingeschärft, um Himmels willen darauf zu achten, dass der Klops völlig mit Wasser bedeckt / nur zur Hälfte mit Wasser bedeckt / nur durch den Dampf frei schwebend gegart wird.

Ebenso erweckt jedes Rezept den Anschein, als hinge das Leben des Mehlbüddels daran, ob er in ständig kochendem oder leise siedendem Wasser gegart wird. Dabei stimmt oft, abgesehen von diesen Verhaltensregeln, die Zubereitung praktisch überein.
Ich stellte mir dabei die armen Kochanfänger vor, die in bleichem Entsetzen bemerken, dass ihr Mehlbüddel nur zu zwei Dritteln im Wasser schwimmt und die nun glauben, alles sei verloren. Haben sich heimtückische Schwiegermütter solche harschen Vorschriften ausgedacht, um übermütige Schwiegertöchter ein bisschen zurechtzustutzen?

Tipp: Alle auf den vorigen Seiten vorgestellten Klöße und Klüten, mal abgesehen von Birnen und Speck im Teig, die ja auch gar nicht vorgeben, ein Kloß zu sein – alle diese Teile also haben eine entzückende Eigenschaft gemeinsam. Falls nicht alles aufgegessen wurde, kann man sie am nächsten Tag in Scheiben schneiden und in Fett in der Pfanne braten! Das gilt für den Riesenmehlbüddel ebenso wie für die kleinen Mehlklüten. Sie sind sogar so freundlich, ausgesprochen knusprig zu werden. Und dann kann man sie wieder an die Seite geben von Süßem bis Geräuchertem, oder sie einfach mit brauner Butter übergießen und mit Zucker bestreuen …

FLEISCHLICHES

Das ist ja auch kein Wunder, da wir von Herrn Bendow und anderen Schlachtern ständig Nachschub an Speck und Schweinebacken verlangen. Die wahren Schuldigen sind wir, die Anstifter; und jetzt wollen wir auch noch Hasen- und Entenbraten, Rindfleisch und Lammkeule, Heidschnucke und Wildschwein!

Ein Rezept für Leute, die sich nicht lange aufhalten wollen, ganz schnell gemacht:

RUNDSTÜCK WARM

Die speziellen Hamburger Brötchen heißen Rundstücke. Hieraus ergibt sich, dass dies ein Hamburger Rezept ist. Es handelt sich um ein redliches, bescheidenes Wochentagsgericht, in dem der Schweinebraten und die Sauce vom Sonntag vernünftige Verwertung finden. Ich behaupte, aus dem Rundstück warm hat sich, inspiriert und importiert von heimwehkranken Hamburger Seeleuten, der amerikanische Hamburger entwickelt. Aber das glaubt mir ja keiner.

4 Rundstücke, frisch oder lieber aufgebacken, mindestens 4 Scheiben kalter Schweinebraten (das kann durchaus Aufschnitt sein) sowie ca. 1 l Bratensauce, für jeden Gast 1 große Gewürz- oder Salzgurke

Die Rundstücke aufschneiden, beide Hälften offen auf einen Teller legen, mit dem Braten belegen. Die Sauce aufkochen und darüber gießen.
Die Gurken in schräge Scheiben schneiden und um den Tellerrand legen.

Tipp: In den meisten Feinkostläden gibt es Bratensauce im Glas zu kaufen, zumindest den Fond, falls Sie keine Sauce aufgehoben oder eingefroren haben.

HIMMEL, ERDE, HÖLLE

1 kg mehlig kochende Kartoffeln, Salz,
ca. 250 ml Milch, 60 g Butter, Pfeffer,
1 kg säuerliche Äpfel, 80 g brauner Zucker bzw. Vollrohrzucker,
etwas Öl zum Braten, 4 Grützwürste ›mit‹ oder ›ohne‹

Dies ist eins meiner absoluten Lieblingsgerichte. Es entspricht in keiner Weise den Gesichtspunkten gesunder, vernünftiger Ernährung. Ich esse es auch nur einmal im Jahr – aber dann völlig enthemmt. Grützwurst bekommen Sie ›mit‹ (zusammengebunden mit rotem Senkelchen) oder ›ohne‹ Rosinen (zusammengebunden mit weißem Senkelchen). Der Unterschied macht sich auch in der Würzung bemerkbar. Ich schwöre auf die ›ohne‹.
Das Apfelkompott steht für den Himmel, weil es süß ist und weil Äpfel oben wachsen. Das Kartoffelmus symbolisiert natürlich die Erde. Das Innere der Grützwurst, schwarzrot, tierisch fett und niederträchtig lecker, die Hölle.
Packen Sie ihre Gabel voll mit allen drei Anteilen gleichzeitig! Trinken Sie eiskaltes, herbes Bier dazu und besänftigen Sie Ihre Leber, falls sie Sie vorwurfsvoll anguckt, mit einem klaren Schnaps.

Die Kartoffeln schälen, in kleine Stückchen schneiden und in Salzwasser gar kochen, zu Mus stampfen. Mit den Rührbesen der Küchenmaschine cremig schlagen, nach und nach so viel Milch einarbeiten, dass die Konsistenz sahnig wird. Die Butter dazurühren, salzen und pfeffern.
Die Äpfel schälen, würfeln und weich kochen, den Zucker im heißen Saft auflösen, alles mit einer Gabel zu grobem Mus verrühren, Flüssigkeit abgießen.
Das Öl in einer Pfanne erhitzen und die Grützwurst darin braten. Dabei gibt es verschiedene Methoden: entweder bei kleiner bis mittlerer Hitze von beiden Seiten braten; dann wird die Wurst auf dem Teller enthäutet. Oder Sie stechen die Haut bereits vor dem Braten an, sodass ein Teil der Füllung herausquillt, der dann in der Pfanne knusprig wird. Eine weitere Möglichkeit besteht darin, von vornherein das Innere aus der Grützwurst zu quetschen und wie einen flachen Riesenklops zu braten, wobei beide Seiten knusprig werden. Das ist jedoch ungünstig, wenn einige Personen ›mit‹ und einige ›ohne‹ essen wollen, da die Masse hiervon keine Notiz nimmt, sondern sich gnadenlos mischt.

RINDFLEISCH MIT MEERRETTICHSAUCE

700 g Rinderbrust, einige Kluftknochen,
1 Zwiebel, Salz, 40 g Butter, 4 EL Mehl, 125 ml Sahne,
4 bis 5 TL Meerrettich aus der Tube, Salz, Pfeffer

Das Fleisch und die Knochen abwaschen, die Zwiebel pellen und einmal durchschneiden, alles in reichlich Salzwasser sprudelnd in ca. 1½ Stunden gar kochen. Topf vom Herd nehmen, das Fleisch und die Brühe gemeinsam etwas abkühlen lassen.

Die Butter in einer Pfanne schmelzen, (nicht bräunen), das Mehl hineinrühren, nach und nach mit so viel von der Kochbrühe auffüllen, dass eine dickliche Sauce entsteht. Erst die Sahne, dann den Meerrettich in die Sauce rühren. Mit Salz und Pfeffer abschmecken.

Das Fleisch aus dem Topf holen und quer zur Faser in möglichst dünne Scheiben schneiden, auf eine Platte legen. Mit der Sauce und den Beilagen servieren.

Dies Gericht ist simpel, aber gut. Ich empfehle als Beilage mehlig kochende Salzkartoffeln und grünen Salat mit Sahnesauce (Rezept S. 40), gekochte Möhren, in Butter geschwenkt, passen jedoch auch sehr gut dazu.

Man sollte sich die Leute sehr gut ansehen, die man zum Abendessen einlädt. Nur, weil man sich eine schöne, vielleicht aristokratische Beziehung erhofft, darf man nicht gleich jeden in den eigenen Bau lassen. Sonst ist es Essig mit der schönen Beziehung, der listige Herr packt Mutter und Tochter zusammen, nimmt sie mit nach Hause und macht Hase in Essig. – Oder irgend so etwas Gemeines, Leckeres …

HASE IN ESSIG

1 Bund Suppengrün, 1 Zwiebel,
1 großer, säuerlicher Apfel, 125 ml Essig, 2 Lorbeerblätter,
6 Wacholderbeeren, 1 TL Salz,
1 TL getrockneter Thymian,
1 abgezogener, ausgenommener, gesäuberter Hase von ca. 2 kg,
Salz, Pfeffer,
100 g fetter Speck, 30 g Butter, 2 EL Mehl,
250 ml herber Rotwein 2 EL saure Sahne

Das Gemüse und den Apfel waschen, schälen und in Würfel schneiden. Essig, 250 ml Wasser, Gemüse- und Apfelstücke mit den Gewürzen zusammen in einen Topf geben und ca. 15 Minuten kochen. Den Hasen in Stücke schneiden und in die heiße Marinade legen, 8 Stunden lang stehen lassen, dann die Fleischstücke herausholen, gut abtropfen lassen, salzen und pfeffern.
Den Backofen auf 200 °C vorheizen. Den Speck würfeln, zusammen mit der Butter in eine feuerfeste Pfanne geben, die Hasenstücke obenauf legen, mit Mehl bestäuben und im Backofen etwas anbräunen. Mit dem Wein ablöschen, in 1½ Stunden gar werden lassen. Mit Salz und Pfeffer abschmecken, mit der sauren Sahne verfeinern.

ENTE HOLSTEINER ART

Vielleicht könnte man Harald, anstatt ihm eine reinzusemmeln, zu Ente Holsteiner Art verarbeiten? Im Rezept kommt nämlich Semmelmehl vor. Das wäre doch ein akzeptabler Kompromiss.
Die Ente ist natürlich ein Festessen, das bei unseren Vorfahren nur an Feiertagen auf den Tisch kam oder um besonders teuren Besuch zu ehren.

200 g Backpflaumen,
1 bratfertige junge Ente von 1½ bis 2 kg,
Salz, Pfeffer, 1 TL getrockneter Majoran,
250 g säuerliche Äpfel, 1 Zwiebel,
250 g Schinkenwürfel, 3 EL Semmel- oder Paniermehl,
2 Eier, 250 ml saure Sahne

Die Backpflaumen über Nacht einweichen. Den Backofen auf 200 °C vorheizen. Die Ente waschen und trockentupfen, innen und außen mit den Gewürzen einreiben. Die Äpfel schälen und in Stückchen schneiden, die Zwiebel pellen und würfeln, beides zusammen mit der Hälfte der Backpflaumen in einer Schüssel mit Schinkenwürfeln, Semmelmehl und Eiern zu einem Brei verrühren. Die Ente damit füllen und zunähen. Eine große Bratpfanne mit Wasser ausspülen, die Ente mit der Brust nach unten hineinlegen und mit etwas Wasser übergießen. Im Backofen ca. 1½ Stunden lang braten, nach 20 Minuten umdrehen, sodass die Brust nach oben kommt. Immer wieder mit Bratensatz begießen. 30 Minuten vor Ende der Bratzeit die restlichen Backpflaumen in die Bratpfanne geben. 10 Minuten vor Ende der Bratzeit die Oberseite der Ente mit starkem Salzwasser bepinseln, damit die Haut knusprig wird. Wenn der Braten fertig ist, wird er aus der Pfanne genommen und die Fäden werden entfernt. Die Backpflaumen ebenfalls aus der Pfanne holen, abtropfen lassen und rund um die Ente legen. Den Bratensatz mit etwas Wasser loskochen, mit der sauren Sahne verquirlen und mit Salz und Pfeffer abschmecken.
Dazu passen Kartoffelklöße (Rezept S. 42) und gedämpfter Wirsingkohl oder Apfelkompott.

WÜRZFLEISCH

Ziemlich aufwändig in der Herstellung, kann das Würzfleisch durchaus als ›besondere Mahlzeit‹ gelten, obwohl es sich wieder um einfaches Schweinefleisch und Speck handelt. Dazu kommen ›Innereien‹, in diesem Fall Nieren. Früher war es recht gebräuchlich, Sachen wie Nieren, Lunge, Gekröse, Kutteln oder Euter zu essen, was viele Genießer heutzutage eher merkwürdig bis indiskutabel finden würden.

300 g Schweineschulter, Salz, schwarzer Pfeffer,
20 g Schmalz, 250 ml Fleischbrühe,
1 Lorbeerblatt, 4 Nelken, je ½ TL Zimt, Majoran, Kümmel, Estragon, Basilikum,
250 g Schweinenieren, 2 Zwiebeln, 200 g Räucherspeck,
200 g Pfifferlinge oder andere Pilze der Saison oder aus der Dose,
1 Kartoffel

Die Schweineschulter waschen, trocken tupfen, klein würfeln, salzen und pfeffern. In einem Schmortopf im Schmalz von allen Seiten kräftig anbraten. Fleischbrühe erhitzen und damit ablöschen. Die Gewürze in den Topf geben und alles zugedeckt 30 Minuten kochen.

Die Nieren mit einem scharfen Messer längs zerteilen, von Röhrchen und Fett befreien, sorgfältig waschen, trockentupfen und in dünne Scheiben schneiden.

Die Zwiebeln und den Räucherspeck klein würfeln, in eine große Pfanne geben und darin die Nierenscheibchen von beiden Seiten goldbraun braten, die geputzten Pilze dazugeben und ein paar Minuten mitschmoren. Alles zum Schweinefleisch in den Topf geben. Die Kartoffel schälen und in den Topf reiben, umrühren, noch einmal aufkochen lassen. Mit Salz und Pfeffer abschmecken.

HAMBURGER BEEF-STEAK MIT ZWIEBELN

250 g Zwiebeln, 2 EL Butter, 1 TL Mehl, 2 EL Öl,
4 Kluftsteaks, Salz und Pfeffer

Zwiebeln pellen und in Ringe schneiden, in der Butter in ca. 8 Minuten bräunen, nach 5 Minuten mit dem Mehl bestäuben und noch einmal wenden, das macht die Zwiebeln knusprig.
Gleichzeitig das Öl in einer großen, schweren Pfanne stark erhitzen, die Steaks hineingeben und von beiden Seiten braten, ebenfalls ca. 8 Minuten.
Die Steaks auf vorgewärmte Teller legen, salzen und pfeffern, mit den Zwiebeln beschichten. Mit 1 Esslöffel Wasser vorsichtig den Bratfond in der Pfanne loskochen und über die Zwiebeln gießen.
Dazu schmecken junge Erbsen und Bratkartoffeln. Allerdings brauchen Sie für die Bratkartoffeln noch eine dritte Pfanne …

Tipp: Wahrscheinlich wissen Sie längst, wie man Steaks am besten zubereitet. Für diejenigen, die sich wundern, dass sie lediglich saftloses, hartes Fleisch erzielen: Könnte es daran liegen, dass Sie Ihre Steaks vor dem Braten salzen? Das Salz zieht den Fleischsaft heraus und das Steak kocht in seiner eigenen Flüssigkeit vor sich hin, ohne braun zu werden. Oder packen Sie die Fleischstücke zu früh in die Pfanne, solange das Fett noch nicht ganz heiß ist? Das sorgt genau so dafür, dass der Fleischsaft herausläuft. Nur durch große Hitze schließen sich die Poren im Fleisch sofort und behalten den leckeren Inhalt für sich. Die dritte Möglichkeit, Steaks den Saft zu entziehen, besteht darin, sie mit einer Gabel anzupieken, um sie zu wenden …

In einem Kochbuch las ich den anerkennenden Satz: »Hamburger und Schleswig-Holsteiner Schlachter verstehen sich besser als alle anderen darauf, Beefsteaks zu schneiden und abzuhängen.«
Versuchen Sie gar nicht erst, sowohl die Steaks als auch die Zwiebeln in derselben Pfanne unterzubringen und dabei auch noch beides vollendet zuzubereiten. Nehmen Sie lieber in aller Ruhe zwei Pfannen.

Es könnte ja sein, dass irgendjemand null Bock hat auf Sonntagsausflüge und trotzdem keine Einwände vorbringt gegen ein schönes Sonntagsessen?

GÄNSEKEULE SÜSS-SAUER

1 Gänsekeule von ca. 3 kg, 250 ml Kräuteressig,
1 EL Zucker, 1 Zwiebel, 2 Lorbeerblätter,
1 TL Senfkörner, 80 g Butter, 2–3 EL Zucker,
1–2 TL Kartoffelmehl, Salz, Pfeffer

Die Keule mit kaltem Wasser abwaschen. 1 Liter Wasser mit dem Essig und den Gewürzen in einem großen Topf mischen, die Keule hineingeben und 2 1/2 Stunden lang auf kleiner Flamme kochen. Abkühlen lassen, dann die Keule herausholen, abtropfen und trockentupfen.

In einer großen Pfanne in der Butter anbraten. Mit Zucker bestreuen. Von der kalt gewordenen Gewürzbrühe etwas Gänsefett abschöpfen und in die Pfanne geben, ebenfalls mit Zucker bestreuen, bis er karamellisiert.

Dann mit der Gewürzbrühe ablöschen, das Kartoffelmehl mit etwas Wasser anrühren und die Brühe damit binden. Mit Salz und Pfeffer abschmecken.

KEULE VOM DEICH-LAMM

Das Deichlamm läuft normalerweise mit Mama und Papa Schaf auf dem Deich umher, hinterlässt schwarze Kaffeebohnen, bestaunt wandernde Touristen und sagt ab und zu: »Böö«. Im Übrigen frisst es das Gras zu seinen Füßen und das schmeckt, je dichter es an der Nordsee wächst, umso salziger. Zum einen ist das lecker für das Deichlamm. Zum anderen ist es lecker für den, der ein Deichlamm verspeist. Das Tier würzt sich gewissermaßen selbst. Aber das sollte man ihm nicht verraten. Sonst hört es womöglich auf, ordentlich zu fressen …

1 kg Keule vom Deichlamm
oder, falls Sie keine Möglichkeit haben, die zu bekommen,
normale Lammkeule, Salz, Pfeffer,
je 1/2 TL Basilikum und Rosmarin, 2 EL Senf, 80 g Butter,
250 ml Brühe, 250 ml Weißwein, 125 g saure Sahne

Den Backofen auf 200 °C vorheizen. Die Keule waschen und trocken tupfen, mit den Gewürzen und dem Senf einreiben, in eine Bratenform legen. Die Butter zerlaufen lassen und heiß über die Keule gießen, etwas von der Brühe in die Form gießen. Alles in den Backofen schieben und ca. 2 Stunden schmoren lassen, zwischendurch immer wieder ein paar Löffel Brühe drübergießen. Wenn die Keule fertig ist, aus der Form nehmen und auf eine warme Platte legen. Den Bratenfond mit dem Weißwein aufkochen, die saure Sahne hineinquirlen, mit Salz und Pfeffer abschmecken.

HEIDSCHNUCKEN-RÜCKEN

Auch die Heidschnucken gehören zur großen Familie der Schafe. Sie laufen jedoch nicht auf dem Deich herum, sondern waten mit ihren schwarzen Strümpfen im Heide- und Wacholderkraut umher, bewacht von einem Schäfer und seinem Hund. Heidschnucken haben widderig gerollte Hörner und ernste, dunkle Gesichter.

Vor etlichen Jahren, im September, hatten mein Vater und ich das Gefühl, dringend Erholung zu benötigen, und als wir feststellten, dass es uns allen beiden so ging, beschlossen wir, uns eine Woche Urlaub in der Heide zu gönnen. Wir bestellten zwei Zimmer in einem kleinen Gasthof am Klecker Wald, ein wenig südlich der Elbe, packten meinen Dackel Napoleon ins Auto und waren für niemanden mehr zu sprechen. Wir gingen vormittags ungefähr drei Stunden spazieren und nachmittags ungefähr zwei Stunden, in angenehme Gespräche vertieft, wir schliefen nachts zehn Stunden und nach dem Mittagessen eine. Und wir aßen! Mein Vater, der ein wunderbarer Koch war und ein großer Gourmet, hatte den Tipp, wie gut das Essen hier wäre, von einem Freund bekommen, gesegnet soll er sein.

In diesem Gasthof kochte die Inhaberin selbst. Sie kochte überirdisch. Wir aßen Wildschweinpastete und Deichlammkeule und Heidschnuckenrücken und andere feine Sachen. Wir bekamen immer zufriedenere Gesichter, auch Napoleon. Am Ende der Woche erschien ein schlanker Schäferhund im Gasthof, und mein Dackel knurrte ihn nicht einmal an. Er grunzte nur beiläufig.

Ich glaube, so umfassend wie in dieser Woche habe ich mich weder vorher noch nachher jemals erholt und entspannt. Und jedes Mal, wenn ich das Wort ›Heidschnucke‹ höre, fällt mir wieder der kleine Gasthof am Klecker Wald ein...

2 Zwiebeln, 125 ml Essig, 250 ml Rotwein,
1/2 TL Salz, je 1 TL Pfefferkörner und Wacholderbeeren,
1 Lorbeerblatt, 1 1/2 kg Heidschnuckenrücken,
Salz, 50 g Butter, 200 g frische rosa Champignons,
1 EL Mehl, 125 g saure Sahne,
4 cl Medium Sherry, Pfeffer, Zucker

Die Zwiebeln pellen und in Ringe schneiden, in eine große, längliche Schüssel legen, Essig, Rotwein und Salz zusammenrühren und darauf gießen, die anderen Gewürze hinzufügen. Den Heidschnuckenrücken gründlich waschen und einen Tag und eine Nacht lang in die Beize legen, dabei ab und zu umdrehen.

Den Backofen auf 200 °C vorheizen. Dann das Fleisch aus der Beize holen, trockentupfen und mit Salz einreiben. Den Rücken in einer Bratenpfanne in ca. 30 g Butter anbräunen, mit einigen Kellen von der Beize ablöschen. Im Backofen ca. 1 Stunde lang schmoren. Die Champignons trocken putzen, längs in Scheiben schneiden und in einer Pfanne in der restlichen Butter bräunen.

Wenn der Rücken fertig ist, wird er aus der Bratenpfanne geholt und warm gestellt. Den Bratenfond in einen Topf geben und aufkochen, das Mehl mit 1/2 Tasse kalten Wassers verquirlen und hineinrühren, Topf vom Herd nehmen. Die Champignons mit der Butter in den Topf schütten, die saure Sahne mit dem Sherry mischen und dazugeben. Mit Salz, Pfeffer und ein bisschen Zucker abschmecken.

Tipp: Champignons saugen, wie alle Pilze, Wasser auf, wenn man sie abwäscht, und lassen sich dann schlecht braten oder bräunen. Außerdem werden sie beim Waschen noch nicht einmal wünschenswert sauber. Ich putze sie, nachdem ich ihnen das Füßchen abgeschnitten habe, mit einem trockenen Küchenpapier. Damit lässt sich jeder Fleck und jeder Erdkrümel ausgezeichnet abreiben.

WILDSCHWEIN-PASTETE

So sind sie, diese Schwarzwild-Eber: Immer galant, immer den passenden Spruch auf den wilden Lippen in der delikatesten Situation. Da wir gerade von delikat reden – anstatt mit ihnen zu flirten, kann man sie auch verarbeiten. Beispielsweise zu Wildschweinpastete.
Das ist eine sehr edle Vorspeise: Die Pastete wird, wie Rache, kalt genossen.
Man darf davon ausgehen, dass unsere derben Ahnen in der Reetdachkate nichts von solchen erlesenen Köstlichkeiten ahnten. Es sei denn, sie hätten herumgewildert und dabei nicht nur einen knackigen Eber gekapert, sondern auch noch die kundige Köchin des Schlossherrn. Ich gehöre zwar nicht dem Schlossherrn, doch ich habe das Rezept kundig ein wenig abgewandelt und modernisiert.

Ca. 700 g Wildschweinkeule,
250 g (zahme) Schweineleber, einige Wacholderbeeren,
4 cl Gin, 1 alter Graubrotknust von ca. 100 g,
150 ml Buttermilch, 2 Zwiebeln,
150 g durchwachsenen Räucherspeck,
Salz und weißer Pfeffer, ½ TL getrockneter Majoran,
etwas Öl und 30 g Butter

Die Keule waschen, trocknen und vom Knochen lösen, in Würfel schneiden. Die Leber säubern und ebenfalls würfeln. Die Wacholderbeeren zerquetschen und mit dem Gin verquirlen, in einer Schüssel kräftig mit dem Fleisch verrühren und über Nacht zugedeckt ruhen lassen. Ebenso über Nacht den Brotknust in der Buttermilch einweichen.
Am nächsten Tag den Backofen auf 200 °C vorheizen. Die Zwiebeln pellen und klein hacken, den Speck würfeln. Die Zwiebeln im Speck glasig werden lassen, beides mit dem Fleisch mischen. Das durchweichte Brot etwas ausdrücken, auch dazugeben. Alles löffelweise in den Fleischwolf geben oder mit einer Küchenmaschine fein pürieren. Mit Salz, Pfeffer und Majoran abschmecken.
Besitzen Sie eine Pastetenterrine? Macht nichts. Nehmen Sie eine Auflaufform und fetten sie mit Öl ein. Geben Sie den Teig hinein und streichen Sie ihn glatt. Setzen Sie Butterflöckchen obenauf und decken das Ganze lose mit einem Stück Alufolie ab. Alles in den Backofen geben und ca. 1 Stunde backen. Wenn die Pastete abgekühlt ist, kann sie auf eine Platte gestürzt werden.

LÜBECKER SCHWALBENNESTER

Einige der Schweinebacken-Mehlkloß-Gerichte der vorigen Seiten dürften an die fünfhundert Jahre alt sein, vielleicht sogar älter. Dieses hier ist mit Sicherheit viel jünger, denn Kalbsschnitzel gibt es noch nicht so lange für den Normalbürger – nicht mal für den aus Lübeck.

4 Eier, 4 dünne, längliche Kalbsschnitzel,
Salz, Pfeffer, 4 Scheiben dünngeschnittener Räucherschinken,
4 EL Mehl, 20 g Butter, 150ml Weißwein,
etwas Zitronensaft, 3 EL Sahne, Salz und Zucker

Die Eier mit kaltem Wasser aufsetzen und nach dem Aufkochen noch 10 Minuten sieden lassen. Abschrecken, aufklopfen, abpellen und trockentupfen. Kalbsschnitzel nacheinander zwischen zwei große Stücke Frischhaltefolie legen und vorsichtig mit einer Nudelrolle nach allen Seiten ausstreichen.

Jedes Schnitzel auf der Innenseite salzen und pfeffern, Schinkenscheiben darauf legen, Eier in die Mitte der Schinkenscheiben geben und alles länglich einrollen. Mit einer Rouladenklammer oder einem Zahnstocher verschließen. 2 Esslöffel Mehl auf einen Teller schütten, jede Roulade darin dünn panieren und in einem Schmortopf mit der Butter von allen Seiten anbräunen, dann mit 125 ml heißem Wasser ablöschen, dem der Wein beigemischt ist. 30 Minuten zugedeckt schmoren.

Die fertigen Schwalbennester aus dem Topf nehmen, die Sauce mit Zitronensaft, Sahne, Salz und etwas Zucker abschmecken.

SCHINKENBRATEN IN ROTWEIN

Ein, wie gesagt, kleiner oder etwas größerer Schinken, 4 Zwiebeln, 1 l Rotwein, 3 Lorbeerblätter, schwarzer Pfeffer

Den Schinken waschen und abtrocknen, die Zwiebeln pellen und vierteln. Aus dem Rotwein und 1 Liter Wasser, Zwiebeln, Lorbeerblättern und Pfeffer einen Sud rühren und ca. 15 Minuten leise köcheln, dann abkühlen lassen. Den Schinken mindestens 4 Tage in den Sud legen, kühl stellen und immer mal wieder wenden. Schließlich Schinken herausnehmen, trockentupfen und ungefähr 2 Stunden an der Luft trocknen lassen.
Den Backofen auf 200 °C vorheizen.
Den Sud durchsieben.
Mit einem scharfen Messer die Schwarte diagonal einschneiden, den Schinken in eine große Bratenpfanne geben und mit dem Sud übergießen. Im Backofen 2 Stunden schmoren lassen, dann die Pfanne aus dem Herd und den Schinken aus der Pfanne holen. Mit der Schwartenseite nach oben auf den niedrigsten Rost im Backofen legen, die Fettpfanne drunterschieben. Noch mal bei 200 °C 2 Stunden braten und immer wieder mit Kellen vom Sud übergießen. (Und keinen Gedanken daran verschwenden, wer schließlich den Backofen putzen wird …) Im abgeschalteten Ofen 10 Minuten auskühlen lassen, dann servieren.

Hier kommt noch ein rustikales, traditionelles Gericht für Leute mit unendlich viel Zeit und häuslichen Neigungen. Im Originalrezept wird als Ausgangsobjekt ein »kleiner Schinken« verlangt und in Klammern steht dahinter: »von 12–14 Pfund«. Der Beilagen-Vorschlag lautet »einige Pfund geschmorte Zwiebeln, Klüten und Sauerkohl«.

HÜHNERFRIKASSEE MIT KRABBEN

Geflügelfrikassee ist was besonders Feines; man bereitet es zu festlicheren Gelegenheiten, für Leute mit ramponierter Gesundheit (weil's als leicht verdaulich gilt) oder eben, wenn der Hahn an Profilneurose leidet. Übrigens würde ich tatsächlich eher ein Brathähnchen empfehlen anstatt des fetteren, älteren Suppenhuhns. Was es mit Krabben auf sich hat, erfahren Sie im Kapitel ›Fischiges‹.

1 Bund Suppengrün,
1½ bis 2 kg Hähnchen, das sind, je nach Gewicht, 1–2 Tiere,
1 TL Salz, etwas weißer Pfeffer,
200 g frische oder Dosen-Champignons,
200 g frischer Spargel (oder Spargelköpfe aus der Dose),
250 g geschälte, gekochte Garnelen oder Krabben,
80 g Butter, 50 g Mehl, 2 Eigelb, 100 g Sahne, 1 TL gekörnte Brühe,
1 EL Zitronensaft, 100 ml Weißwein, etwas Worcestersauce,
2 EL kleine Kapern, einige Stängel frischer Dill, gehackt

Das Suppengrün putzen und zerkleinern. Die Hähnchen waschen, trocknen, in einem entsprechend großen Topf gut mit Wasser bedeckt aufsetzen. Salz, Pfeffer und Suppengrün mitkochen. Alles 1½ Stunden garen, vom Herd nehmen und etwas abkühlen lassen. Währenddessen die Champignons putzen (oder, falls sie aus der Dose sind, gut abgießen), den frischen Spargel schälen und gar kochen und in 5 cm lange Stücke scheiden. Die Krabben unter fließendem Wasser in einem Sieb abbrausen.
Das Geflügel herausnehmen, von den Knochen befreien und in mundgerechte Stücke schneiden. Die Brühe durch ein Sieb gießen. 20 g Butter und das Mehl in einem Schmortopf anschwitzen, mit etwas Brühe ablöschen, vom Herd nehmen. Die beiden Eigelbe mit der Sahne verquirlen und hineinrühren, gekörnte Brühe dazugeben sowie Zitronensaft, Weißwein und Worcestersauce. Die Champignons in der restlichen Butter goldbraun anschmoren, in die Sauce geben, ebenso den Spargel und die Kapern. Zum Schluss die Krabben hinzufügen. Noch einmal vorsichtig erwärmen, aber nicht kochen, dabei behutsam umrühren. Mit gehacktem Dill bestreuen.

FISCHIGES

Weil eigentlich fast jeder, der in unserer Ecke wohnt, was für Fisch übrig hat. Darum.

HAMBURGER MUSCHELSUPPE

Wissen Sie, wie Sie Muscheln vorbereiten? Zunächst einmal finden Sie heraus, wer von den Herrschaften noch am Leben ist, indem Sie die ganze Ladung in die Badewanne kippen und eiskalt abduschen. Wer jetzt nicht auf der Stelle die Schalen fest zusammen kneift, dem geht's nicht gut. Das bedeutet, alle noch geöffneten Muscheln können Sie sofort wegwerfen. Der Rest wird energisch unter fließendem Wasser geputzt und abgebürstet. Entfernen Sie auch die ›Bärte‹.

Und nun verrate ich Ihnen einen Trick, den mein Vater immer anwandte, um das Muschelfleisch schön milde zu machen. Stecken Sie den Stöpsel in die Wanne und gönnen Sie den Muscheln eine Henkersmahlzeit aus 2 Liter Milch und 2 Liter kaltem Wasser. Wenn sie darin liegen, öffnen sie sich nach und nach wieder, um sich voll zu trinken, und es sieht aus, als ob sie mit den halb offenen Muschelschalen verträumt vor sich hinlächeln, während ihnen ein Tropfen Milch aus dem Mundwinkel sickert …

1½ kg Miesmuscheln, Saft von ½ Zitrone,
250 ml Weißwein, ½ TL Salz, etwas Pfeffer,
200 g Räucherspeck, 3 Zwiebeln,
½ Sellerieknolle, 2 Stangen Porree,
125 g Sahne, 1 EL gekörnte Brühe

Die Muscheln in einen großen, hohen Topf schichten, Zitronensaft und Weißwein mit Salz und Pfeffer mischen und hineingießen. Alles aufkochen lassen und bei mittlerer Hitze ca. 10 Minuten köcheln lassen, dabei den Topf ab und zu rütteln wie Arnold Schwarzenegger seinen Kühlschrank.

Den Topf vom Herd nehmen, Muscheln herausholen, und zwar nicht nur aus dem Weißwein, sondern auch aus den Schalen. Dabei verfahren Sie entgegen der Methode, die Tiere vor dem Kochen auszusortieren: Wer jetzt noch seine Schalen geschlossen hat, taugt nichts und kommt nicht mit in die Suppe. (Sie würden in diesen Fällen vermutlich auch einen Büchsenöffner benötigen, um an das Muschelfleisch zu kommen.) Das Muschelfleisch beiseite stellen.

Den Räucherspeck grob würfeln, die Zwiebeln pellen und würfeln und in einer Pfanne knusprig braten. Den Speck mitsamt den Zwiebeln in den Topf mit der Muschelbrühe geben. Die halbe Sellerie waschen, schälen und in Würfel schneiden, ebenfalls in den Topf werfen und noch einmal ca. 12 Minuten kochen, die letzten 5 Minuten auch den Porree, von dem Sie großzügig das äußere Grün entfernt haben – also nur das innere, weiße Herz, in Scheiben geschnitten.

Dann das Muschelfleisch wieder hineingeben, mit der Sahne und der gekörnten Brühe abschmecken.

NORDSEEKRABBEN-SUPPE

Man unterscheidet zwei Krabbensorten, nämlich Tiefseekrabben und Nordseekrabben. Erstere sind eine Spur weniger gebogen und von einem leicht kitschigen Pink. Sie schmecken dezenter als ihre Kusinen. Die Nordseekrabben krümmen sich entschiedener, zeigen eine bräunlich-rosa Understatement-Farbe, sind stolz darauf, kostspieliger zu sein, und haben unbedingt das fischigere Aroma. Welche man vorzieht, ist Geschmackssache. Sie haben durchaus das Recht, in Ihre Nordseekrabbensuppe Tiefseekrabben zu werfen, falls Ihnen danach zu Mute ist.

1 kleine Zwiebel, 200 g durchwachsener Speck, 20 g Butter, 250 g Kartoffeln, 2 große Möhren, 2 Stangen Porree, 250 g Krabbenfleisch, Salz, Pfeffer, 50 g saure Sahne, 1 Stückchen frische Ingwerwurzel

Die Zwiebel pellen und würfeln. Den Speck ebenfalls würfeln, in einer kleinen Pfanne in der Butter leicht anbraten, dann aus der Pfanne sammeln und beiseite stellen. Die Zwiebel im Fett glasig werden lassen, dann zusammen mit dem Fett in einen größeren Topf füllen und ca. 1½ Liter Wasser aufgießen. Die Kartoffeln und die Möhren schälen, würfeln und in die Suppe geben, alles 15 Minuten lang kochen lassen.
Inzwischen den Porree säubern und sehr klein schneiden, weitere 5 Minuten mitkochen lassen. Das Gemüse pürieren, wieder in den Topf geben und einmal kurz aufkochen. Das Krabbenfleisch und die Speckwürfel hinzufügen, alles mit Salz und Pfeffer abschmecken. Einige Esslöffel der heißen Suppe in eine Tasse geben und mit der sauren Sahne verquirlen, zurückschütten. Etwas Ingwerwurzel in die Suppe reiben.

Garnelen oder Shrimps heißen bei uns im Norden Krabben. Sie bekommen die Tiere tiefgefroren, aus Büchsen oder frisch. Auf dem Markt bei uns können Sie welche kaufen, die noch im Anzug stecken. Dadurch wird das Pfund Krabben bedeutend billiger, aber Sie müssen die Tierchen selbst entkleiden – das heißt ›pulen‹ – und den Panzer wegwerfen. Sehr panzerig ist er übrigens nicht, eher weich und zäh. Wer mit seinen gepflegten Fingernägeln in allernächster Zeit noch repräsentieren will, sollte vielleicht lieber die bereits ausgepulten kaufen.

Ach ja, und dann noch mal zur Abwechslung die

TÖNNINGER KRABBENSUPPE

Wissen Sie zufällig, wo Tönning liegt? Das ist ein reizendes, sehr altes Städtchen auf der Halbinsel Eiderstedt in Holstein, dicht genug am Meer, um salzig zu riechen. Im siebzehnten Jahrhundert wurde hier der Maler Jürgen Ovens geboren, der bei Rembrandt lernte und zu seiner Zeit ein berühmter und erfolgreicher Mann war. Er hat ganz ähnlich gemalt wie Marunde, nur nicht so witzig; jedenfalls gibt es ein Gemälde des jüngeren Meisters, auf dem ein Mann in den besten Jahren mit Nymphen in einem Gewässer plantscht (ich nehme an, es handelt sich dabei um einen kleinen Baggersee in der Nähe von Tönning.) Auf diesem Bild kommt durchaus eine typisch barocke Sinnlichkeit zur Geltung, ganz zu schweigen von den kleinen rosa Engeln, die, genau wie auf den Gemälden von Jürgen Ovens, Vorhangteile stemmen.

Wer zum schönen Nordseebad St. Peter Ording fährt, der kommt an Tönning vorbei und hat meist keine Ahnung, was er da verpasst. Die ortseigene Krabbensuppe zum Beispiel …

200 g Spargel, 200 g Blumenkohl, Salz, 500 g Krabben, mit der Schale gewogen,
150 g Butter,
1½ l klare, gesiebte Hühnerbrühe oder Hühnerbrühe aus Fond,
80 g Mehl, 2 EL Zitronensaft,
je ½ Bund Schnittlauch und Dill, klein gehackt, etwas Zucker, Estragon, Mehlklüten (Rezept S. 45)

Den Spargel schälen, waschen und in 4 cm lange Stücke schneiden, den Blumenkohl ebenfalls waschen und in Röschen zerteilen, beides in Salzwasser garen, abgießen und beiseite stellen. Die Krabben auspulen und im Sieb gründlich abbrausen (oder vom Fischhändler auspulen lassen, er muss Ihnen aber die Schalen mitgeben!). Die Schalen in einem Sieb gut waschen, im Mörser zerstoßen oder in der Küchenmaschine zerkleinern, mit der Hälfte der Butter in einer Pfanne anschwitzen, mit der Hühnerbrühe ablöschen und aufkochen, 10 Minuten köcheln lassen, durch ein Sieb gießen. Jetzt müsste die Hühnerbrühe rosa sein und Sie können den verbliebenen Rest der Schalen wegwerfen. Aus der restlichen Butter und dem Mehl eine Schwitze bereiten, mit der rosa Brühe löschen. Spargel und Blumenkohl in der Suppe ziehen lassen, das gut abgespülte Krabbenfleisch dazu geben. Mit Salz und Zitronensaft abschmecken, die Kräuter und etwas Zucker darüber streuen. Mehlklüten in der Suppe schwimmen lassen.

HAMBURGER PANNFISCH

500 g fest kochende Kartoffeln, 500 g Kabeljaufilet,
1 Gemüsezwiebel, 200 g Räucherspeck,
40 g Butter, 1 EL milder Senf,
1 EL Sahnemeerrettich aus der Tube, 1 große Gewürzgurke,
Salz und Pfeffer, 1/2 Bund frische Petersilie, gehackt

Die Kartoffeln waschen und abbürsten, 15 bis 20 Minuten kochen, abgießen, ungepellt in Scheiben schneiden. Die Fischfilets kalt abwaschen und mit Küchenpapier trockentupfen, in Würfel schneiden, die sich den Kartoffelscheiben weder über- noch unterlegen fühlen. Die Zwiebel pellen und in Ringe schneiden. Den Speck klein würfeln, mit der Butter in einer großen Pfanne erhitzen und die Zwiebel darin leicht anbräunen. Fisch- und Kartoffelstücke mit in die Pfanne geben. 125 ml heißes Wasser mit Senf und Sahnemeerrettich mischen, dazugießen, zudecken und 8 Minuten lang dünsten. Die Gewürzgurke in ganz feine Scheiben schneiden, dazugeben. Hitze hochschalten, Deckel abnehmen, die Flüssigkeit um ungefähr die Hälfte verdunsten lassen. Mit Salz und Pfeffer abschmecken und mit der gehackten Petersilie bestreuen.

In einigen gemütlichen Kneipen am Rödingsmarkt und am Hafen bekommen Sie dieses ›gut bürgerliche‹ Gericht noch. Eigentlich ist es fast eine Art Fisch-Eintopf – nur eben in der Pfanne.

Inzwischen, heißt es, sei die Qualität des Elbwassers schon wieder so gut, dass zumindest Menschen unbeschadet darin baden können. Ab und zu beobachte ich auch Angler an den Elbufern. Das sind Leute, die positiv denken.
Welse empfinden da vielleicht ein bisschen kleinmütiger. Andererseits hätte der Referent des Heimatvertriebenentreffens eine echte Chance, wieder in die alten Gefilde zu gelangen, wenn er sich vertrauensvoll einem Fischhändler überließe. (Zumindest, solange er jung und zart ist.)

GEBACKENER WELS

1 Zwergwels von 1½–2 kg, Saft von 1 Zitrone,
Salz, weißer Pfeffer, 500 g Kartoffeln,
150 g fetter Speck, eine kleine Zwiebel,
100 g Butter, 4 EL Mehl, 125 g saure Sahne,
etwas Öl, 100 g Holsteiner Käse, fein gerieben,
2 EL Paniermehl

Den Fisch, falls der Fischhändler das noch nicht gemacht hat, ausnehmen, Kopf, Schwanz und Flossen abschneiden. Innen und außen mit kaltem Wasser säubern, trocken tupfen, in große Stücke schneiden, von allen Seiten mit Zitronensaft begießen, salzen und pfeffern.
Die Kartoffeln gründlich waschen und ungeschält 20 Minuten lang kochen. Mit kaltem Wasser abschrecken, etwas abkühlen lassen, pellen und in dicke Scheiben schneiden.
Den Speck und die abgezogene Zwiebel würfeln, in ca. 50 g von der Butter in einer Pfanne goldbraun braten, mit Mehl bestreuen und etwas anschwitzen, mit 125 ml Wasser ablöschen. Die saure Sahne hineinrühren, mit Salz und Pfeffer abschmecken.
Den Backofen auf 180 °C vorheizen. Eine Auflaufform mit Öl auspinseln, die Kartoffelscheiben hineinschichten, salzen und pfeffern, mit der Hälfte der Speck-und-Zwiebel-Masse bedecken. Die Fischstücke obenauf legen und die zweite Speck-Zwiebel-Hälfte darauf verteilen. Mit dem Käse und dem Paniermehl bestreuen, die restliche Butter in Flöckchen obenauf setzen. Ca. 30 Minuten überbacken.

MATJES IN SAHNESAUCE

Ein Matjes ist im Grunde auch nur ein Hering, aber ein glücklich-unschuldsvoller, der sich vor der Geschlechtsreife befindet und noch nicht weiß, was Liebeskummer ist. Außerdem ist der Matjes drall und rund, weil er im Frühjahr so viel Plankton naschen konnte. Im Juni und Juli ist deshalb die beste Matjes-Zeit. Und um auch mal was Negatives zu sagen: Dann hat das gute, zarte Tier auch die allermeisten Kalorien.

Falls Sie den Matjes als Vorspeise servieren wollen:
4 Matjesfilets; möchten Sie ihn als Hauptgericht reichen,
z.B. mit Bratkartoffeln: dann für jeden mindestens die doppelte Menge,
250 ml Milch, 1/2 Salatgurke, 1 säuerlicher Apfel,
1 Bund Frühlingszwiebeln, 1 Bund Radieschen,
1 Bund Schnittlauch, 125 g Crème fraîche, 125 g Vollmilchjoghurt,
Saft von 1/2 Zitrone, 1 TL Zucker, 200 g Sahne, Salz und Pfeffer

Die Matjesfilets in einer flachen Schüssel in der Milch baden lassen.
Inzwischen die Salatgurke und den Apfel schälen und das Fruchtfleisch in Streifchen schneiden. Die Frühlingszwiebeln putzen, waschen, ebenfalls in Streifchen schneiden. Die Radieschen waschen, vom Grün und den Schwänzchen befreien, recht fein hacken. Den Schnittlauch waschen und in 3 bis 4 cm lange Röllchen schneiden. Crème fraîche, Joghurt und Zitronensaft mit dem Zucker gut verrühren. Die Sahne halbsteif schlagen und dazurühren, da hinein alle Früchte- und Gemüseteile. Mit Salz und Pfeffer abschmecken. Die Matjesfilets aus der Milch angeln, ein bisschen abtropfen lassen und mit der Sauce servieren.

HERINGSSALAT

6 Matjesfilets, 100 g gewürfelter,
durchwachsener Räucherschinken,
1 große oder 4 kleine Gewürzgurken, 1 kleine Zwiebel,
100 g Zuckermais,
1 genau richtig reife Avocado, 2 Chicorée-Stauden,
1 EL mittelscharfer Senf,
3 EL Magerquark, 2 EL Essig, 2 TL Zucker,
Salz und Pfeffer, 2 hart gekochte Eier, 1 EL Kapern

Ich weiß, das Rezept heißt ›Heringssalat‹. Schließlich hab ich das eben selbst geschrieben. Und wissen Sie was? Wenn wir irgend kriegen, nehmen wir dafür trotzdem Matjesfilets. Wieso das besonders lecker ist, hatte ich auf der vorigen Seite erklärt ...

Die Matjesfilets in dünne, 4 cm lange Streifen schneiden. Wenn sie besonders salzig sind (das ist unterschiedlich) in eine Schüssel legen und mit Mineralwasser bedeckt 15 Minuten stehen lassen. Die Kohlensäure mildert den Geschmack. In diesem Fall müssen die Matjesstreifchen, bevor sie in den Salat kommen, in einem Sieb gründlich abtropfen.
Den Schinken in eine Schüssel geben, die Gewürzgurke fein würfeln. Die Zwiebel pellen, der Länge nach in feine Streifen schneiden. Die Maisdose öffnen und den Inhalt in einem Sieb unter fließendem Wasser abbrausen und abtropfen lassen. Die Avocado der Länge nach vierteln, von ihrem Stein befreien und schälen, dann in 1 cm dicke Streifen schneiden. Den Chicorée waschen, den Stiel abschneiden, die äußeren Blätter entfernen, den Rest in feine Ringe schneiden. Alle Zutaten, auch die Matjesfilets, behutsam mit dem Schinken mischen. Senf, Quark, Essig und die Gewürze miteinander verquirlen, unter den Salat heben. Die Eier der Länge nach in Achtel schneiden und den Salat damit belegen, die Kapern drüberstreuen.

FISCHFRIKADELLEN

Hat es gebratenen oder gekochten Fisch gegeben und Sie haben eine ganze Menge davon übrig behalten? Da liegt er auf den Tellern, kalt und inzwischen ein bisschen unansehnlich. Verarbeiten Sie ihn zu leckeren Fischklopsen! Und falls Ihnen dies Rezept sehr zusagt und Sie schon völlig verzweifelt sind, weil es im ganzen Haus keine Fischreste gibt: Sie können natürlich auch frischen Fisch kaufen, waschen, mit Zitronensaft säuern, salzen, kochen (oder braten) und abkühlen lassen.

1 Brötchen vom Vortag, 1 Tasse Milch,
250–300 g gegarten Fisch, von Seezunge bis Kabeljau,
50 g Senfgurke, 1 Zwiebel, einige Stängel Petersilie,
einige Stängel Dill, 1 großes Ei,
½ TL Sahnemeerrettich aus der Tube, Salz, Pfeffer, etwas Öl

Das Brötchen in der Milch einweichen, wenn es ganz weich ist, ausdrücken. Fisch mit der Küchenmaschine zermusen. Die Senfgurke sehr klein würfeln, die Zwiebel pellen und klein hacken, ebenso die Kräuter. Das Fischmus mit Brötchen, Zwiebel, Ei, Senfgurke, Kräutern und den Gewürzen verkneten und flache Klopse von beliebiger Größe formen, in heißem Öl in der Pfanne braten.

Variation:
Wenn Sie noch ein verquirltes Ei und etwas Paniermehl nehmen und die Fischklopse nacheinander darin wälzen, die Hitze etwas kleiner und die Bratzeit etwas länger ansetzen, haben Sie panierte Fischfrikadellen. Ich finde beides köstlich. Servieren Sie dazu Bratkartoffeln oder Kartoffelsalat, und Sie haben ein respektables Abendessen.

SCHOLLEN IM EIGENEN SAFT (UND SENFSAUCE)

4 Schollen (eventuell doch lieber von Ihrem Fischhändler) brat- bzw. kochfertig gemacht, weißes Steinsalz

Die Schollen kalt waschen und sorgfältig trocken tupfen. Innen und außen gründlich salzen. Alle vier nebeneinander in einen hohen Topf stellen, und zwar Oberteil nach unten, Schwanzende nach oben. Deckel aufsetzen. 4 Minuten bei großer Hitze, dann 15 Minuten bei geringerer Hitze garen. Das Salz zieht Wasser aus dem Fisch und lässt es nach unten in den Topf tropfen, sodass die Tiere im eigenen Saft gedämpft werden und sogar noch Flüssigkeit übrig bleibt.

Tipp: Im Rezept wird darauf hingewiesen, dass der im Topf verbliebene Sud sich gut dafür eignet, die Grundlage für Senfsauce zu bilden. Und Senfsauce schmeckt wirklich gut zu diesem sehr zarten Fisch. Ich empfehle außerdem als Beilagen Reis und Gurkensalat. Wenn Sie allerdings entsprechend historisch bleiben wollen, sollten Sie zu Schollen und Senfsauce mehlig gedämpfte Salzkartoffeln und gedünstete Zwiebeln servieren.

Sie wissen nicht, wie man SENFSAUCE macht?

Sie brauchen: 2 Esslöffel Butter und eben so viel Mehl. Beides verrühren Sie in einer Pfanne bei großer Hitze und löschen, unter Rühren, mit besagtem Fischsud ab. Pfanne vom Herd nehmen, 2 bis 3 Esslöffel Senf und 1 Esslöffel Sahne in die Sauce rühren, mit Salz abschmecken.

Ein früher sehr beliebtes Gericht von der Küste; im alten Originalrezept sind als Menge 12 Schollen angegeben und als weitere Zutat: Salz. Das kann selbst ein ungeübter Koch nicht besonders kompliziert finden. Sehr ausführlich ist hingegen die Beschreibung, wie die frisch gefangenen Tiere getötet, gesäubert und ausgenommen werden sollten.
Ich denke mir, so ein Essen konnten sich Fischersfamilien leisten. Wenn sie sonst nichts mehr hatten, dann immer noch frischen Fisch, Salz sowie Kartoffeln und Zwiebeln aus dem eigenen Garten.
Ich würde empfehlen, einen Versuch mit diesem Rezept im Frühjahr zu machen, wenn es die kleinen Maischollen gibt, und dann pro Person eine ganze Scholle in den Topf zu stecken.

DESSERT UND GEBÄCK

Andererseits sieht dieses Ferkel nicht wirklich unterernährt aus. Wenn es weiter so schön den Nachtisch in sich hineinschlabbert, dann kommt der große grüne Nordfleischwagen eines Tages sicher auch seinetwegen.

Die rote Grütze trat am Anfang ihres Daseins gar nicht als Dessert hervor, sondern als hochsommerliche Hauptmahlzeit. Damals war sie auch noch ein deftigeres Mädel, sonst wäre die Bauernfamilie davon nicht satt geworden. Zum Andicken wurde tatsächlich Grütze genommen, Buchweizen- oder Hafergrütze etwa.

ROTE GRÜTZE

In Norddeutschland und in Dänemark (und wahrscheinlich auch in Ihrem Supermarkt) kann man inzwischen zu jeder Saison fertige Rote Grütze kaufen, im Glas oder im zugeschweißten Beutel, und sie schmeckt in den meisten Fällen wirklich gut.
Trotzdem – selbst gekocht, vielleicht noch aus Früchten des eigenen Gartens oder so richtig warm von der Sonne am Marktstand in den Korb gepackt – ist sie unvergleichlich. Ich finde übrigens, an superheißen Sommertagen kann man's machen wie die alte Bauernfamilie und Rote Grütze wieder zur Hauptmahlzeit ernennen. Es muss eben nur genug davon da sein!

200 g frische Himbeeren, 200 g Rote Johannisbeeren,
200 g Sauerkirschen, 100 g Zucker,
50 g Kartoffelmehl oder Speisestärke

Das Obst waschen, von Stielen und Kernen befreien, mit dem Zucker in 1 Liter Wasser aufkochen und 5 bis 8 Minuten köcheln lassen. Die Stärke in einer Tasse mit etwas kaltem Wasser verquirlen, in den Topf schütten, gut umrühren und noch einmal aufkochen lassen. Dann den Topf vom Herd nehmen und den Inhalt in eine Schüssel gießen. Sobald sich die Schüssel nur noch lauwarm anfühlt, in den Kühlschrank stellen, bis die Grütze fest ist.
Man begießt das fertige Gericht in Hamburg und Schleswig-Holstein mit kalter Milch, in Dänemark mit flüssiger Sahne. Das ist mir völlig klar. Und trotzdem kann ich nicht umhin, meine Rote Grütze am liebsten mit Vanillesauce zu löffeln!

FRIESISCHE TEECREME

Dies Rezept fand ich in einem zerfledderten, schimmelig riechenden alten Buch in Schnörkelschrift und höchst gewählter Ausdrucksweise. Einige der Anweisungen klangen für mich, als seien sie eher aus weltanschaulichen und prinzipiellen denn aus praktischen und küchentechnischen Gesichtspunkten erteilt worden. Ich habe das Rezept deshalb von vornherein gesäubert, geputzt, zerkleinert und etwas eingekocht.

150 g Rosinen, 1 Tasse guter, starker Rum, 3 Blatt weiße Gelatine, 3 EL schwarzer Tee, am besten natürlich Friesentee, 3 Eigelb, 100 g Zucker, 125 ml Milch, 125 g Sahne

Die Rosinen im Rum kurz aufkochen und dann darin über Nacht stehen lassen. Am nächsten Tag die Gelatine in kaltem Wasser einweichen. Den Tee in einem großen Becher mit 125 ml kochendem Wasser übergießen und 5 Minuten ziehen lassen, dann abseihen. Die Eigelbe in einem kleinen Stieltopf mit dem Zucker schaumig rühren, Milch und Tee hineinquirlen, alles im Wasserbad unter ständigem Rühren dick werden lassen. Vom Herd nehmen, die eingeweichte Gelatine hineinrühren. Die Sahne steif schlagen und vorsichtig unter die Creme heben. Die abgetropften Rosinen ebenfalls unterheben. Alles 1 bis 2 Stunden kalt stellen.

QUARKKLÜTEN MIT RHABARBERKOMPOTT

Für das Kompott: 500 g Rhabarber, 200 g Zucker, die in Streifen abgeschälte Schale von 1 unbehandelten Zitrone.
Für die Quarkklüten: 2–3 alte, getrocknete Rundstücke (120–150 g), 300 ml Milch, 60 g Butter, 750 g Magerquark, 3 Eier, 1 EL Zitronensaft, 80 g Zucker, je 1 Messerspitze Salz, Zimt, Kardamom, Sternanis, gemahlene Nelken

Am Vorabend die Rundstücke in der Milch einweichen.
Die Rhabarberstangen abziehen, waschen und in 2 cm lange Stücke schneiden. Mit dem Zucker und der Zitronenschale in einem Topf mit 1 Liter Wasser langsam zum Kochen bringen und zugedeckt 2 Minuten lang kochen lassen. Zitronenschale herausnehmen, Kompott in eine Schüssel füllen und kalt stellen.
Die Rundstücke ausdrücken. Die Butter aus dem Kühlschrank nehmen, damit sie weich wird. Den Quark durch ein Sieb in eine große Schüssel streichen. Die Butter und die Eier dazugeben, alles gut verrühren und 30 Minuten stehen lassen, alle 10 Minuten einige Male kräftig mit dem Schneebesen durchschlagen. Den Zitronensaft, den Zucker und die Gewürze hineinrühren. Die Rundstückmasse mit der Küchenmaschine dazukneten. 2 bis 3 Stunden ausquellen lassen. Mit nassen Händen ca. 14 Klüten formen.
Einen großen Topf mit 3 bis 4 Liter Wasser füllen, das Wasser aufkochen und dann leise sieden lassen. Die Klüten sollten im siedenden Wasser 10 Minuten ziehen. Heiß zum kalten Rhabarberkompott servieren.

Noch mal Klöße, diesmal als Dessert. Dies Rezept ist etwas für begeisterte, geduldige Hobbyköche. Wer allerdings wenig Zeit hat, sowieso schon genervt ist und es für eine Zumutung hält, dass er nun auch noch einen Nachtisch fabrizieren soll, der sollte lieber ein entsprechendes Tütchen aufreißen und die »Quarkspeise ohne Kochen« zwei Minuten mit dem Rührgerät aufschlagen.

BUCHWEIZEN-PFANNKUCHEN

Dieses Rezept habe ich von Maria, die kornblumenblaue Augen hat, Plattdeutsch unterrichtet und sehr schön malen kann. Sie empfiehlt dazu Sirup oder Blaubeerkompott. Mit so einem süßen Partner werden die nordisch-herben Pfannküchlein zu einer köstlichen Nachspeise.

500 g Buchweizenmehl,
750 ml kalter schwarzer Tee (am liebsten Friesentee),
4 Eier, 1 Messerspitze Salz,
250 g getrockneter, durchwachsener Speck, 20 g Schweineschmalz

Aus Mehl, Tee, Eiern und Salz einen dickflüssigen Teig bereiten, 5 Stunden beiseite stellen, um ihn quellen zu lassen.
Den Speck in dünne Scheiben schneiden und im Schmalz in einer Pfanne ausbraten, herausholen. In diesem würzigen Fett brät man nun jeweils eine kleine Kelle Teig von beiden Seiten zu einem braunen Küchlein aus.

FLIEDERBEERSUPPE, KALTE UND HEISSE

Die weißen Blütendolden der Fliederbeeren kann man wunderbar frittieren. Aber das gehört bestimmt nicht zur traditionellen norddeutschen Küche, sondern ist ziemlich neu, deshalb lassen wir's hier weg. Säfte, Suppen und Sirups aus den schwarzvioletten, etwas metallisch schmeckenden Fliederbeeren dagegen stammen aus grauer Vorzeit.

Anderswo werden sie Holunderbeeren genannt, auch Holder- oder Hollerbeeren. Am letzten Namen können wir merken, dass dieser Strauch zu Frau Holle gehört, zur großen Muttergöttin also. Die nächste Schlussfolgerung ist demnach: Der Holunder muss heilende Kräfte haben! Hat er auch; unter anderem enthalten seine Früchte und Blätter ätherische Öle und beeinflussen den Wärmehaushalt, und zwar in beide Richtungen. Äußerlich angewandt kühlt der Saft der Blätter leichte Verbrennungen, während Fliedertee bei fiebrigen Erkältungen als schweißtreibendes Mittel eingesetzt wird. Hans Christian Andersen hat ein schönes, sehr stimmungsvolles Märchen namens ›Fliedermütterchen‹ geschrieben, in dem ein kleiner Junge, der mit nassen Füßen nach Hause kam, von seiner Mutter ins Bett gesteckt wird, um Fliedertee zu trinken und die Erkältung auszuschwitzen.

Tipp: Den Fliedersaft – falls Sie gerade keinen selbst eingekochten zur Hand haben – kann man im Reformhaus und vielleicht sogar in einem guten Supermarkt kaufen.

Hier ist ein sehr altes Rezept zum Abkühlen an heißen Tagen:

KALTE FLIEDERBEER-SUPPE

So viel zur kalten Fliederbeersuppe. Meine Freundin Anna-Ilse sagt allerdings, ihr schmecke die Suppe nur im Winter, und dann heiß. Und sie hat mir ihr eigenes Rezept gegeben – extra für Sie!

2 l Fliederbeersaft, 4 Nelken, 1 Messerspitze Zimt, 50 g Perlsago, 500 g frische oder eingemachte Quitten, so viele EL Puderzucker, wie es beliebt

Den Saft mit Zimt und Nelken aufkochen lassen, das Sago unter Rühren einstreuen, immer weiter rühren und noch einmal aufkochen. Die gesäuberten, klein geschnittenen Quitten dazugeben, alles 10 Minuten leise sieden lassen. Zucker nach Geschmack hineinrühren. Die Suppe sehr kalt stellen, mit Mehlklüten (Rezept S. 45) servieren.

ANNA-ILSES HEISSE FLIEDERBEER-SUPPE MIT GRIESSKLÜTEN

Für die Suppe: 1 l Fliederbeersaft, 1 unbehandelte Zitrone, 3–4 geschälte Äpfel in Spalten, 1 Zimtstange, 3–4 EL Speisestärke, 2–3 EL Zucker

Für die Grießklößchen: 250 ml Milch, 1 Prise Salz, abgeriebene Schale einer ganzen Zitrone, 4 EL Weizengrieß, 1 Ei, 1 TL Zucker

Tipp: Behalten Sie beim Aufkochen die Milch im Auge – erstens kocht sie schneller, weil es sich bei ihr um weniger Menge handelt, und zweitens weiß jeder, dem es mal passiert ist, was überkochende Milch für eine Ferkelei anrichtet.

Einen kleinen und einen größeren Topf auf den Herd stellen und parallel arbeiten. In den kleinen Topf kommen Milch, Salz und abgeriebene Zitronenschale, in den größeren der Fliederbeersaft, die nackichte, sprich: abgeriebene Zitrone, in Viertel geschnitten, Apfelspalten, Zimtstange und Zucker.

Jetzt wird beides zum Kochen gebracht. Sobald die Milch faucht und steigt, den Grieß hineinrieseln lassen, rühren. Der Grieß klumpt, die Naturgesetze befehlen es ihm, er wird zum Kloß. Diesem Kloß wird das Ei und der Zucker hinzugefügt und gut miteinander verrührt. Dann können wir den kleinen Topf beiseite stellen und uns der Suppe widmen.

Die Apfelstücke sind nach 10 bis 15 Minuten Kochen mürbe – jetzt werden die Zimtstange und auch die Zitronenviertel herausgefischt, beide haben ihren Job erledigt und würzend gewirkt. Die Speisestärke mit ein bisschen kaltem Wasser in einer Tasse anrühren und in die Suppe gießen. Aufkochen lassen, dabei immer gut rühren. Auf ganz kleiner Hitze stehen lassen.

Vom großen Kloß im kleinen Topf mit zwei Teelöffeln walnussgroße Klüten abstechen, auf die Suppe legen und noch einige Minuten ziehen lassen. Am besten: Herd ganz ausstellen, Deckel auf den Topf. Heiß servieren und genießen!

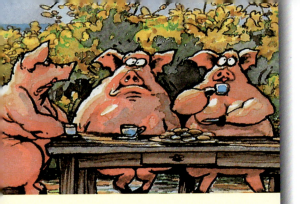

HEIDESAND

Huberts schuldbewusstem Gesicht sowie den Schweißtropfen auf seiner Stirn entnehmen wir, dass er tatsächlich diesbezügliche Absichten hegte. Er sollte lieber an den leckeren Keksen schnüffeln. Heidesand bekommt den charakteristischen, karamellartigen Geschmack durch die gebräunte Butter. Das ist jedoch – und hier berühren wir Huberts spezielle Problematik – ein Spiel mit dem Feuer, denn wird die Butter zu braun, schmecken die Plätzchen bitter …

250 g Butter, 250 g Zucker, 1 Päckchen Vanillezucker, 1 Messerspitze Salz, 380 g Mehl, 2 EL Milch

Die Butter in einem Topf erst zerlaufen und dann – unter ständiger Beobachtung – braun werden lassen. Vom Herd nehmen, in eine Schüssel gießen.

Die erkaltete braune Butter mit dem Handrührgerät schaumig rühren, nach und nach Zucker, Vanillezucker und Salz dazu geben. Das Mehl abwechselnd mit der Milch unter den Teig kneten. Zu ungefähr salatgurkendicken Rollen formen und in Frischhaltefolie wickeln, 1 Stunde in den Kühlschrank legen.

Den Backofen auf 200 °C vorheizen. Zwei Backbleche mit Backpapier belegen, von den Rollen mit einem Messer 1/2 cm dicke Scheiben abschneiden und auf den Blechen verteilen. Ca. 10 Minuten backen.

HAMBURGER BRAUNE KUCHEN

Tipp: Im Gegensatz zu unseren Vorfahren erhalten wir Rosenwasser, soviel ich weiß, nur noch in der Apotheke.

Ein traditionelles Weihnachtsgebäck, so wie Spekulatius oder Klöben.

Wenn der Teig der Braunen Kuchen fertig geknetet ist, soll er, heißt es im Rezept aus der guten alten Zeit, drei bis vier Tage bei Zimmertemperatur ruhen. Wer kann denn heutzutage noch so lange ruhen?! Meine Braunen Kuchen wurden super, obwohl ich dem Teig nur eine Stunde Schönheitsschlaf im Kühlschrank gönnte und dann an seinen Teamgeist appellierte.

Mir scheint jedoch, dass die Leute im Norden früher wirklich Unmengen von Zeit hatten. Vielleicht wurden sie hin und wieder in ihren Katen eingeschneit? Schneepflüge gab es ja noch nicht. Ich fand mehrere alte Rezepte für einen ›Rummelpottkuchen‹, wobei es sich auch nicht um Kuchen, sondern um Kekse handelte. Die Zutatenliste ist ganz ähnlich wie die für Braune Kuchen. Der tiefere Unterschied liegt darin, dass der Teig nicht nur Stunden, sondern Tage (in einem Rezept sogar Wochen) ungebacken bleibt. Ruhen darf er jedoch auch nicht, er wird vielmehr immer wieder und wieder durchgeknetet! Bis man ihn dann schließlich zu Keksen bäckt. Rummelpott, müssen Sie wissen, ist das Krachgerät, aus einer Schweinsblase angefertigt, mit dem die kleinen Kinder hierzulande, verkleidet und geschminkt, an Silvester von Tür zu Tür wandern und um schöne Sachen betteln, damit sie aufhören zu singen und weiter ziehen. Und für die speziell waren also diese Kekse.

Wenn ich darüber nachdenke, dass die Leute sich früher bei weitem nicht so oft die Hände wuschen wie wir heutigen Hygiene-Fanatiker, dass sie Sauberkeit überhaupt nicht so schrecklich wichtig nahmen (und auch gar keine Zeit hatten, ständig zu putzen), dann werde ich das Gefühl nicht los, dass dieser Teig im Lauf der Zeit und des Knetens immer dunkler und immer würziger wurde. Aber vielleicht war das ja der Sinn der Sache?

400 g Sirup, 50 g Butter, 80 g Schweineschmalz,
125 g sehr fein gemahlener brauner Kandiszucker,
500 g Mehl, je 1/2 TL Zimt, Kardamom und Nelkenpulver,
1 TL Backsoda, 1 EL Pottasche,
3 EL Rosenwasser, 100 g gemahlene Mandeln,
60 g fein gehacktes Zitronat, Mehl zum Ausrollen

Sirup, Butter, Schmalz und den gemahlenen Kandiszucker in einem Topf auf den Herd stellen und unter Rühren aufkochen, in eine Schüssel gießen und etwas abkühlen lassen. Das Mehl mit den Gewürzen hineinkneten. Die Pottasche mit dem Rosenwasser in einer Tasse verrühren und dem Teig hinzufügen, dann die Mandeln und das Zitronat. Ist der Teig gut glatt, muss er ruhen. Siehe oben. Den Backofen auf 180 °C vorheizen. Ein Backbrett oder besser den Küchentisch mit Mehl bestäuben und den Teig möglichst dünn ausrollen. Rechtecke von 4 x 7 cm ausschneiden und auf einem mit Backpapier ausgelegten Blech in den Backofen schieben und ca. 8 bis 10 Minuten backen.

Tipp: Pottasche, auch bekannt als Kaliumkarbonat, ist ein weißes, laugig schmeckendes Salz, das gerne als Backtriebmittel verwendet wird. Sie finden es in gut sortierten Supermärkten, Drogerien und Apotheken.

KÜMMELKUCHEN

Dieser Kuchen hat es faustdick unter der Kruste, er wird mit Köm angerührt. Sie erinnern sich: Köm ist das, was Eberhard und sein Freund, im Watt sitzend (Rezept ›Hamburger National, S. 30), zum Bier getrunken haben: klarer Kümmelschnaps.

250 g Butter, 300 g brauner Zucker oder Roh-Rohrzucker,
3 Eier, getrennt, 1 EL Kreuzkümmel, 6 EL Köm,
300 g Mehl, Butter für die Form

Den Backofen auf 180 °C vorheizen. Butter und Zucker zusammen schaumig rühren, nach und nach die 3 Eigelbe hineingeben. Den Kümmel und den Köm dazurühren, dann das gesiebte Mehl. Die Eiweiße steif schlagen und unter den Teig heben, alles in eine mit Butter ausgestrichene Kuchenform gießen. Ca. 1 Stunde backen.

APFELTORTE

Ich erinnere mich an einen Frühling, in dem, wetterbedingt, diese Obstblüte gigantisch, unvergleichlich, nahezu unerträglich schön sein sollte. Jeder redete davon und hatte sich den Anblick bereits einverleibt. Bloß ich schrieb Tag und Nacht an einem Feature, das dringend fertig werden musste, und hatte keine Zeit für diese Schönheit – ebenso wie ein junger Mann meiner Bekanntschaft, der fortgesetzt an seiner Examensarbeit bastelte. Wir waren ganz verbittert und erbost, dass wir die einzigen auf Gottes Erdboden sein sollten, denen dieser herrliche Anblick entging, und eines Nachts, so ungefähr gegen Mitternacht, fuhren wir ins Alte Land, wandelten da im Stockfinstern umher und leuchteten die zauberhafte Baumblüte mit einer großen Stabtaschenlampe an.

1 kg knackige Äpfel, 4 cl Calvados, 250 g Butter, 6 Eier, getrennt, 250 g Zucker, 1 Päckchen Vanillezucker, 500 g Mehl, 1 Päckchen Backpulver, 125 ml Milch, Fett für die Kuchenform, 100 g Vollrohrzucker

Den Backofen auf 180 °C vorheizen. Die Äpfel waschen, schälen, entkernen und in Scheibchen schneiden, mit Calvados begießen und in Ruhe genießen lassen. Die Butter schaumig rühren, nach und nach 6 Eigelbe und den Zucker dazugeben, dann Vanillezucker, Mehl, Backpulver und Milch. Den Eischnee steif schlagen und unter den Teig heben, alles in eine gefettete Springform füllen. Die angeheiterten Apfelstücke in geometrisch ansprechender Form auf dem Teig verteilen und mit Zucker bestreuen. 70 bis 80 Minuten backen.
Wenn der Kuchen abgekühlt ist, können Sie ihn mit geschlagener Sahne servieren.

Um diese Torte wirklich in absoluter Perfektion hinzukriegen, brauchen Sie unabdingbar die saftigen, aromatischen, unvergleichlichen Äpfel aus dem Alten Land. (Aber es funktioniert natürlich auch, wenn Sie die Äpfel woanders kaufen oder pflücken.) Das Alte Land ist so was Ähnliches wie die Vierlande; es liegt ebenfalls südlich der Elbe, nur westlicher, verfügt über saftigen, fetten Marschboden und gehört zu den größten Obstanbaugebieten Deutschlands. Im Frühjahr sagen die Leute: »Waren Sie schon zur Obstblüte im Alten Land? Zauberhaft!« oder: »Am Wochenende haben wir uns die zauberhaften blühenden Bäume im Alten Land angeguckt!«

NUSSKUCHEN

Ich würde sagen, wir schicken den kleinen Eichhörnchen-Flegel mit seiner Sammlung zur nächsten Tankstelle, damit er die Münzen umgehend in etwas Nahrhaftes umsetzt. Zum Beispiel in Nusskuchen.

1 Würfel (42 g) frische Hefe, 1 TL Zucker,
200 g Mehl, 80 g gemahlene Walnüsse,
80 g gemahlene Haselnüsse, 375 g Butter, 250 ml Milch,
Fett für das Backblech,
200 g gehobelte Mandeln, 150 g Puderzucker, Saft von 1 Zitrone

Die Hefe mit 1 Teelöffel warmem Wasser und dem Zucker in einer Tasse anrühren. Das Mehl und die gemahlenen Nüsse in eine Schüssel geben, 125 g weiche Butter und die lauwarme Milch sowie die Hefe hineinrühren. Alles zu einem geschmeidigen Teig verkneten und 30 Minuten gehen lassen. Den Backofen auf 200 °C vorheizen.

Dann den Teig auf einem gefetteten Backblech ausstreichen. Die restlichen 250 g Butter mit dem Handrührgerät schaumig rühren und oben auf den Teig streichen. Die Mandeln darüber streuen. Ca. 15 bis 20 Minuten lang backen, bis die Mandeln hell-goldbraun sind. Puderzucker mit Zitronensaft und 1 Esslöffel Wasser verquirlen und mit einem Pinsel über den Kuchen geben. Noch mal 3 bis 4 Minuten in den heißen Backofen schieben.

KARTOFFELTORTE

Es gilt unzweifelhaft als Gebot der Höflichkeit, sich jedenfalls die Fliegen aus dem Gesicht zu wischen, bevor man seine Schwiegermutter begrüßt. Dann ist die Stimmung bei Kaffee und Kuchen auch viel harmonischer!

50 g gelbe Rosinen, 6 EL Rum,
250 g mehlig kochende Kartoffeln,
200 g gemahlene Mandeln, 6 Eier getrennt,
200 g Zucker, abgeriebene Schale von 1 unbehandelten Zitrone,
2 EL Puderzucker, 1 EL Kakao

Die Rosinen waschen, mit dem Rum in einem Töpfchen einmal kurz aufkochen, abkühlen und mindestens 2 Stunden stehen lassen. Die Kartoffeln schälen, in salzlosem Wasser kochen und zu Püree stampfen, abkühlen lassen. Mit der Rührmaschine die Mandeln hineinarbeiten.

Den Backofen auf 200 °C vorheizen. Die Eigelbe in einer anderen Schüssel mit dem Zucker schaumig rühren, zur Kartoffelmasse geben. Die Zitronenschale dazurühren, ebenso die Rosinen. Das Eiweiß zu steifem Schnee schlagen und unter den Teig heben. Eine Springform mit Backpapier auslegen (da die Masse besonders klebrig ist) und den Teig hineinfüllen.

Ca. 45 Minuten backen, herausnehmen, auf einen großen Teller oder ein Kuchengitter stürzen, Springform abnehmen. Nach ca. 15 Minuten vorsichtig das Backpapier abziehen.

Traditionell wird der Kartoffelkuchen nach dem Auskühlen mit Puderzucker und Kakao bestreut, indem man eine Papp-Schablone ausschneidet (eventuell mit den lieben Gesichtszügen der Schwiegermutter?) und dadurch attraktive Muster erzielt.

DANKESCHÖN

Allen, die mir geholfen haben, norddeutsche Rezepte und alte Kochbücher zusammenzutragen. Besonderer Dank gilt Brigitte, Johanna, Anna-Ilse, Maria, Gerda und Louise sowie Marlene und Dieter, meinen lieben Schwiegereltern.

KLEINES GLOSSAR NORDDEUTSCHER BEGRIFFE

Fliederbeeren – auch Holunder, Holler, Holder. Nicht zu verwechseln mit dem Zierflieder.

Kluft – Teil der Rinderkeule, auch bekannt unter Blume, Schwanzstück, Tafelspitz. Das Kluftsteak wird aus den besten Stücken der Rinderkeule geschnitten.

Köm – klarer Kümmelschnaps

Paniermehl – Semmelbrösel

Porree – Lauch

Rote Beete – Rote Rüben

Sauerkohl – Sauerkraut

INHALT

VORWORT 5

SUPPEN 8

Saure Suppe 8
Birnen, Bohnen und Speck 10
Aalsuppe 12
Buttermilchsuppe 15
Frische Suppe 16
Vierländer Spargelsuppe 17

EINTÖPFE 18

Gänseklein 18
Grünkohl und Schweinebacke 20
Lamm und Bohnentopf 22
Graupensuppe mit Lamm 23
Holsteiner Hasensuppe mit Sauerkohl 24
Snuten, Poten und Sauerkohl 26
Schnippelbohnen und Beinfleisch 27
Labskaus 28
Hamburger National 30

GEMÜSIGES 32

Gestoovtes Gemüse 34
Dickmusik 35
Schnüsch 36
Süße Röstkartoffeln 38
Erbsenpüree 39
Kopfsalat in Sahnesauce 40
Püschamil-Kartoffeln 41

KLÖSSE UND TEIGIGES 42

Kartoffelklöße 42
Birnen und Speck im Teig 43
Buchweizenklöße 44
Mehlklüten 45
Dithmarscher Mehlbüddel 46
   1. Dithmarscher Mehlbüddel mit Hefe 49
   2. Dithmarscher Mehlbüddel ohne Hefe 50

FLEISCHLICHES … 52

Rundstück warm … 54
Himmel, Erde, Hölle … 56
Rindfleisch mit Meerrettichsauce … 57
Hase in Essig … 58
Ente Holsteiner Art … 60
Würzfleisch … 62
Hamburger Beefsteak mit Zwiebeln … 63
Gänsekeule süß-sauer … 64
Deichlammkeule … 66
Heidschnuckenrücken … 68
Wildschweinpastete … 70
Lübecker Schwalbennester … 72
Schinkenbraten in Rotwein … 73
Hühnerfrikassee mit Krabben … 74

FISCHIGES … 76

Hamburger Muschelsuppe … 78
Nordseekrabbensuppe … 79
Tönninger Krabbensuppe … 80
Hamburger Pannfisch … 81
Wels, gebacken … 82
Matjes in Sahnesauce … 84
Heringssalat … 85
Fischfrikadellen … 86
Schollen im eigenen Saft (und Senfsauce) … 87

DESSERT UND GEBÄCK ... 88

Rote Grütze ... 88
Friesische Teecreme ... 90
Quarkklüten mit Rhabarberkompott ... 91
Buchweizenpfannkuchen ... 92
Fliederbeersuppe, kalt ... 94
Fliederbeersuppe heiß, mit Grießklüten ... 95
Heidesand ... 96
Hamburger braune Kuchen ... 98
Kümmelkuchen ... 100
Apfeltorte ... 101
Nußkuchen ... 102
Kartoffeltorte ... 104

DANKESCHÖN ... 106

KLEINES GLOSSAR NORDDEUTSCHER BEGRIFFE ... 107

KOCHEN MIT SPASS
Das Beste aus dem Mary Hahn Verlag

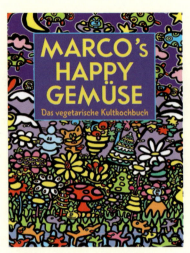

Das neue Kultkochbuch des
New Yorker Künstlers Marco
ISBN 3-87287-494-2

Unterwegs durch New Yorks
Küche mit Kultkünstler James
Rizzi
ISBN 3-87287-432-2

Snoopy wünscht guten Appetit!
Die Lieblingsspeisen der Peanuts
ISBN 3-87287-483-7

Rezepte für Solo-Esser: Schnell
zuzubereiten und äußerst lecker
ISBN 3-87287-491-8

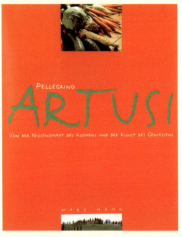

Der unverzichtbare Klassiker der
beliebtesten Länderküche
ISBN 3-87287-443-8

Für Männer, die ihre Liebste
mal richtig begeistern wollen
ISBN 3-87287-469-1

Besuchen Sie uns im Internet unter www.herbig.net

DIE WURST DES VERDERBENS

Es summen die Bienlein, die Schnucke still äst,
süß säuselt des Schäfers Schalmei.
Doch horch! Da regt sich was! Hinter der Geest!
Die Grützwurst! Die Grützwurst ist frei!

Der bucklige Bote verkündet es schrill!
Fast bricht ihm die Stimme dabei!
»Wir werden ihr trotzen! Mag kommen, was will!«
Die Grützwurst! Die Grützwurst ist frei!

Die Tiere ahnten's! Jetzt drehen sie durch!
Der Henne entgleitet ein Ei!
Im Sumpfe ersäufen sich Kröte und Lurch!
Die Grützwurst! Die Grützwurst ist frei!

Die Alten erschauern! Verrammeln das Tor!
Die Kinder verweigern den Brei!
Den Fenstern hämmert man Bretter vor!
Die Grützwurst! Die Grützwurst ist frei!

Und brodelnd erscheint sie an Dorfes Rand!
Mit blutigem, grässlichem Schrei!
Ein Schatten von Übelkeit fällt übers Land!
Die Grützwurst! Die Grützwurst ist frei!